세계 마을에서 찾은 공동체 이야기

생각하는 어린이 사회편 ⑥

초판 발행	2022년 12월 25일
초판 5쇄	2024년 08월 10일
글쓴이	김미현
그린이	김소희
펴낸이	이재현
펴낸곳	리틀씨앤톡
출판등록	제 2022-000106호(2022년 9월 23일)
주소	경기도 파주시 문발로 405 제2출판단지 활자마을
전화	02-338-0092
팩스	02-338-0097
홈페이지	www.seentalk.co.kr
E-mail	seentalk@naver.com
ISBN	978-89-6098-872-9 74800
	978-89-6098-827-9 (세트)

ⓒ2022, 김미현

- 저작권법에 의하여 한국 내에서 보호를 받는 저작물이므로 무단전재 및 복제를 금합니다.
- KC마크는 이 제품이 공통안전기준에 적합하였음을 의미합니다.

모델명	세계 마을에서 찾은 공동체 이야기	제조년월	2024. 08. 10.	제조자명	리틀씨앤톡	제조국명	대한민국
주소	경기도 파주시 문발로 405 제2출판단지 활자마을	전화번호	02-338-0092	사용연령	7세 이상		

작가의 말

공동체의 힘은 어디에서 나타날까요?

　공동체라는 말을 알고 있나요? 공동체는 같은 생활을 하거나 비슷한 목적을 갖고 모인 집단을 말해요. 가족이나 학교, 내가 사는 마을, 같은 꿈을 꾸고 비슷한 취미를 함께하는 다양한 집단을 말하죠. 공동체에 속해 있다 보면 좋은 일도, 나쁜 일도 함께 겪게 돼요. 우리 학교에 좋은 일이 생기면 함께 기쁘고, 어려운 일이 생기면 함께 고민하고 슬픈 것처럼 말이에요.

　공동체의 힘은 어려운 일을 함께 겪을 때 더 크게 나타나요. 공동체에 닥친 나쁜 일은 어느 한 사람만의 노력만으로는 극복하기 어렵기 때문이에요.

　최근 우리 주변에서는 여러 어려운 일들이 일어났어요. 코로나19, 재난과 전쟁 같은 일들로 전 세계인이 힘들어 하고 있지요. 뉴스에서는 재난이나 전쟁으로 일자리를 잃거나 살 곳을 잃은 사람들의 가슴 아픈 사연이 전해졌어요.

　하지만 그런 사연들 속에 희망적인 소식도 있었어요. 많은 사람들이 이웃이나 자신이 속한 공동체를 위해 한마음으로 힘을 합쳐 위기를 극복해 가는 모습을 보여주었죠. 물론 어려운 문제는 짧은 시간에 해결되지 않아요. 공동체 구성원들끼리 의견이

　다를 때도 있고, 한뜻으로 힘을 모아도 문제가 곧바로 해결되지 않을 때도 있어요. 하지만 결과가 모든 것을 말해 주는 건 아니에요. 함께 어려움을 이겨내는 과정에서 서로 이해하고 배려하는 값진 경험을 얻을 수 있게 되거든요. 오랜 시간 함께 노력하면서 얻게 된 성과가 공동체를 더욱 강하게 묶어 주기도 해요.

　'백지장도 맞들면 낫다.'라는 속담이 있지요? 어려운 문제도 서로 힘을 모으면 이겨낼 수 있다는 뜻이에요. 한 사람의 힘은 작을 수 있지만 여러 사람이 모이면 커다란 힘이 돼요.

　세계의 마을에서 보여 준 따뜻한 공동체 이야기를 읽고, 우리 친구들이 '희망'이라는 단어를 떠올릴 수 있었으면 좋겠습니다.

김미현

차례

작가의 말 4

제1장 위기 극복을 위한 경제 공동체 9

가난한 마을을 살린 지혜로운 화폐 '녹색 달러'
마을의 가난은 왜?
마을 공동체, 희망을 찾았다!
그래서 지금은?

제2장 동물과 사람의 특별한 공동체 33

종이가 만들어 준 평화, 코끼리와 사람이 함께 살아요
코끼리와 주민들의 싸움은 왜?
마을 공동체, 희망을 찾았다!
그래서 지금은?

제3장 삶의 공간을 함께 만든 주거 공동체 55

시민이 만든 마을, 1유로 집
낙후된 마을은 왜?
마을 공동체, 희망을 찾았다!
그래서 지금은?

제4장 식량 위기를 극복한 농업 공동체　77

　　　가뭄을 이기는 새로운 농법
　　　지속된 굶주림은 왜?
　　　마을 공동체, 희망을 찾았다!
　　　그래서 지금은?

제5장 스스로 만들고 사용하는 에너지 공동체　103

　　　주민의 참여로 완성된 '에너지 자립 마을'
　　　작은 마을의 일자리는 왜?
　　　마을 공동체, 희망을 찾았다!
　　　그래서 지금은?

제6장 마을이 함께 키우는 교육 공동체　129

　　　주민들이 직접 만든 교육 시설
　　　맞벌이 부부들은 왜?
　　　마을 공동체, 희망을 찾았다!
　　　그래서 지금은?

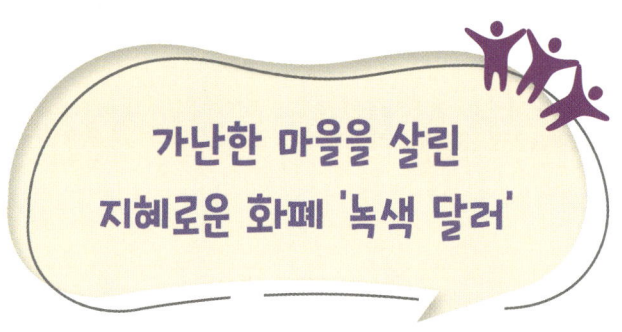

가난한 마을을 살린 지혜로운 화폐 '녹색 달러'

마을이 가난해졌어요

반쯤 열린 창문 틈으로 피아노 소리가 새어 나왔어요. 건반 소리 사이로 소피아와 친구 엠마의 웃음소리도 끊이지 않았죠.

"까르르, 까르르."

같은 마을에서 태어나고 자란 소피아와 엠마는 둘도 없는 친구예요. 피아노를 좋아하는 것까지 비슷했지요. 그러나 즐거웠던 피아노 연주도 잠시, 둘은 언제 그랬냐는 듯 침울한 표정을 지으며 고개를 떨구었어요.

"오늘이 마지막 수업이지? 언제 다시 배울 수 있을까?"

소피아가 말을 꺼내자, 엠마의 눈에는 눈물이 가득 고였어요. 소피아와 엠마는 함께 피아노 대회에 나갈 계획이었지만, 모두 소용없는 일이 되었어요. 소피아의 아빠가 직장을 잃었고, 파스타 요리사였던 엠마 아빠의 가게에는 손님이 크게 줄었기 때문이에요. 아빠들이 돈을 벌 수 없

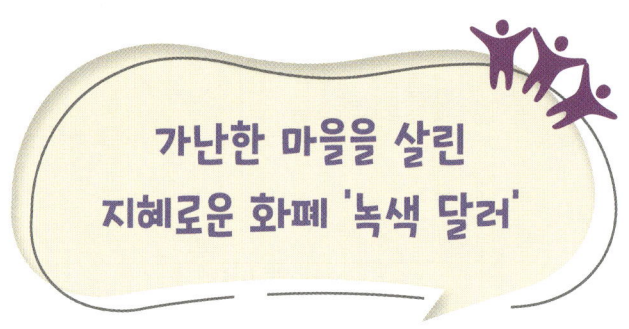

가난한 마을을 살린 지혜로운 화폐 '녹색 달러'

마을이 가난해졌어요

반쯤 열린 창문 틈으로 피아노 소리가 새어 나왔어요. 건반 소리 사이로 소피아와 친구 엠마의 웃음소리도 끊이지 않았죠.

"까르르, 까르르."

같은 마을에서 태어나고 자란 소피아와 엠마는 둘도 없는 친구예요. 피아노를 좋아하는 것까지 비슷했지요. 그러나 즐거웠던 피아노 연주도 잠시, 둘은 언제 그랬냐는 듯 침울한 표정을 지으며 고개를 떨구었어요.

"오늘이 마지막 수업이지? 언제 다시 배울 수 있을까?"

소피아가 말을 꺼내자, 엠마의 눈에는 눈물이 가득 고였어요. 소피아와 엠마는 함께 피아노 대회에 나갈 계획이었지만, 모두 소용없는 일이 되었어요. 소피아의 아빠가 직장을 잃었고, 파스타 요리사였던 엠마 아빠의 가게에는 손님이 크게 줄었기 때문이에요. 아빠들이 돈을 벌 수 없게 되면서 소피아와 엠마 모두 피아노 수업을 들을 수 없게 된 거지요. 엠마네 가족은 당분간 할머니 댁에 머물기 위해 마을을 떠나야 해요.

그러나 이런 사정은 소피아와 엠마네의 일만이 아니었어요. 시간이 지날수록 돈을 벌 수 없는 주민들이 많아졌답니다.

소피아와 엠마가 사는 커트니 마을은 캐나다 밴쿠버의 작은 도시예요. 곳곳으로 나무가 울창했기 때문에 목재 산업으로 생계를 이어 가는 주민들이 많았죠. 하지만 건축 사업이 줄면서 목재 산업은 어려워졌고, 주민들은 위기를 맞게 되었어요.

이뿐만이 아니었어요. 마을에 있던 공군 기지가 이전하면서 공군 병사들이 자주 찾던 가게는 손님이 크게 줄었어요. 마을 사람들은 점점 더 가난해지기 시작했어요.

"이제 우리는 어떻게 살아야 할까요?"

"몇 달은 저축한 돈으로 버티겠지만, 이 상황이 계속된다면 정말 어려워질 거예요."

"우리는 저축해 놓은 돈도 없어요. 당장 다음 달이 걱정입니다."

마을 사람들은 언젠가부터 앞으로의 생활을 걱정하는 이야기만 주고받았어요. 시간이 지날수록 마을을 떠나는 사람들도 늘어났지요.

돈 없이 살 수 있는 법

마을에 남은 주민들은 각자의 물건을 교환하며 어렵게 생계를 이어갔어요. 소피아네 가족도 별다를 바 없었지요.

"이거라면 먹을거리로 바꿀 수 있을까?"

하루는 엄마가 소피아의 손에 찻잔을 쥐어 주며 말씀하셨어요. 할머니가 물려주신 찻잔이었죠. 엄마가 매우 아끼던 것이었어요. 엄마의 눈은 슬퍼 보였지만, 엄마는 당장 먹을 음식 마련이 더 큰 걱정이라고 하셨어요.

"염려 마세요. 엄마, 제가 식료품 가게 아주머니께 잘 얘기해 볼게요."

자신 있게 말했지만, 찻잔과 먹을거리를 교환할 수 있을까? 사실은 소피아도 자신 없기는 마찬가지였어요. 이미 많은 주민들이 당장 필요 없는 그릇이나 찻잔을 먹을거리로 교환해 갔기 때문이에요.

가게에 도착할 무렵, 세탁소 아저씨가 옷가지를 들고 가게 안으로 들어가는 모습이 보였어요. 소피아는 뒤를 이어 들어가 순서를 기다렸죠.

"옷이 깨끗하게 세탁이 되었네요. 감사해요. 여기 빵과 그 집 아이 먹일 과일도 담았답니다."

"세탁물을 믿고 맡겨 주는 것도 감사한데, 매번 이렇게 챙겨 주시고 고마워요."

잠시 후, 이번에는 에밀리 할머니가 식료품 가게의 아이를 데리고 들어오며 말했어요.

"오늘은 토미가 보채지도 않고 잘 놀았어요. 지난번에 빵도 많이 주셨는데, 내일은 한 시간 더 돌봐 줄게요. 그동안 토미 엄마는 좀 쉬어 둬요."

식료품 가게 아주머니는 할머니에게 감사하다는 말을 전하더니 이번에도 빵과 우유, 과일이 담긴 봉투를 건넸어요. 소피아는 문득 이상하다는 생각이 들었어요.

'물건을 가져와서 먹을 것으로 바꿔 가는 게 아니었나?'

소피아는 더 이상 참지 못하고 주인아주머니께 물었죠.

"저 궁금한 것이 있는데요. 어떻게 돈도 내지 않고 먹을거리를 받아 가는 거죠? 그렇다고 먹을 것을 교환할 물건이 있는 것도 아니었는데요."

그러자 아주머니는 씩 웃으며 대답했어요.

"아! 그게 궁금했구나. 그건 컴퓨터를 수리하는 마이클 린튼 덕분이란다. 린튼은 처음에는 물건과 물건을 교환하는 물물교환을 제안했지만, 각자 원하는 물건이 다르기 때문에 물물교환이 계속되기는 어렵다고 생각하고, 다시 아이디어를 냈지."

소피아는 눈썹을 찡긋거리며 아주머니 표정만 살폈어요. 아주머니는 그런 소피아를 이해한다는 듯 다음 말을 이어갔어요.

"마이클 린튼은 몇 달째 고장 나 있던 우리 집 컴퓨터를 돈도 받지 않고 수리해 주었단다. 주민들이 돈이 아닌 물건을 가져와서 먹을거리로 교환해 가니, 우리도 돈이 부족했거든. 린튼은 그런 우리 집 사정을 알고는 컴퓨터를 고쳐 준 비용 대신 우리 가게에 있던 먹을거리를 달라고 했단다."

소피아는 그제야 아주머니의 말이 조금은 이해될 것 같았어요.

"그러니까 서로 필요한 것들을 교환하는 건가요? 세탁소 아저씨와 에밀리 할머니처럼요?"

아주머니는 맞다는 듯 손뼉을 마주치며 웃어 보이셨어요. 그러더니 소피아를 카운터 쪽으로 부르며 말씀하셨어요.

"여기 보렴. 컴퓨터에 기록된 것들이 보이지? 에밀리 할머니는 아이 돌봄, 세탁소 아저씨는 옷의 세탁과 수선, 나는 먹을거리를 제공한다고 기록해 두었어. 이 기록을 보고 아이 돌봄, 세탁 같은 서비스와 물품을 교환하는 거란다. 물론 돈은 필요하지 않아. 이 프로그램도 마이클 린튼이 만들었단다."

돈 없이도 필요한 것을 교환할 수 있다니, 소피아는 자신도 모르게 입꼬리가 올라가는 것을 느꼈어요. 아주머니는 소피아의 표정을 한번 살피더니 다시 말을 이어 갔어요.

"마이클 린튼은 이 프로그램을 만들면서 회원 가입을 하라고 했어. 주민들 각자 서비스나 물품을 제공하면 플러스(+)를, 서비스나 물품을 제공 받으면 마이너스(-)가 표시되는 거지. 이 기록은 모든 주민에게 투명하게 공개되고 필요한 사람들끼리 서비스와 물품을 교환하게 돼. 그리고 이 방식에는 '녹색 달러'라는 이름을 붙였어."

소피아는 엄마, 아빠에게 빨리 이 방식을 알려야겠다고 생각했어요. 아주머니와 인사를 나눈 소피아는 집에 도착하자마자 엄마, 아빠에게 녹색 달러 이야기를 전했어요. 소피아의 말을 듣고 난 아빠는 마이클 린튼에게 가 보겠다며 집을 나섰죠.

어느새 한낮의 태양도 완전히 모습을 감추고, 저녁 무렵 돌아온 아빠는 현관문을 열기 전부터 엄마와 소피아를 불렀어요.

"여보, 소피아!"

저녁 식사를 준비하던 엄마와 소피아는 동시에 현관을 바라보았어요. 문을 열고 들어온 아빠는 거실 소파에 앉으며 한껏 들뜬 목소리로 이야기를 시작했어요.

"내가 방금 마이클 린튼을 찾아가 녹색 달러에 대해 듣고 왔어. 회원 가입도 했지."

눈을 동그랗게 뜬 엄마는 아빠의 말을 기다렸어요.

"나는 마을 주민 누군가를 위해 나무 가꾸기를 할 수 있고, 당신은 미용을 할 수 있어. 그렇게 우리가 일을 한 횟수만큼 마이클 린튼이 만들어 둔 컴퓨터 프로그램에 플러스를 기록하는 거예요. 반대로 우리가 마을의 다른 주민이 제공하는 서비스나 물품을 사용하면 마이너스가 되는 거고, 물론 돈은 필요 없어요."

엄마의 이해를 돕기 위해 소피아도 아빠의 말을 거들었어요.

"그러니까 아빠는 나무 가꾸기를 하고, 엄마는 마을 주민의 머리를 예

쁘고 멋지게 만들어 준 뒤, 그 대가를 빵이나 우유, 컴퓨터 수리, 병원 치료, 아이 돌보기처럼 각자 필요한 것으로 받을 수도 있는 거예요. 맞죠, 아빠?"

아빠는 웃으며 고개를 끄덕였고, 엄마도 이해하셨는지 표정이 밝아졌어요. 돈이 없어도 살 수 있다는 믿음 때문이었죠. 소피아는 모처럼 가벼운 마음으로 잠자리에 들 수 있었답니다.

엠마가 돌아왔어요

마을이 가난해진 뒤로 계절이 세 번이나 바뀌었어요. 여전히 풍족한 건 아니지만, 녹색 달러 덕분에 주민들은 큰 걱정 없이 하루하루를 살아갔죠. 그리고 크리스마스를 앞둔 어느 날, 거리를 나온 소피아의 등 뒤로 낯익은 목소리가 들렸어요.

"소피아! 소피아!"

'엠마?'

소피아가 돌아서자 엠마가 활짝 웃어 보였어요. 둘은 서로를 보자마자 포옹하며 빙글빙글 돌았죠. 흥분된 마음을 가라앉힌 엠마는 소피아가 묻기도 전에 말했어요.

"녹색 달러 이야기를 들었어. 덕분에 아빠도 다시 파스타 가게를 열게 될 것 같아."

"그럼 이제 다시 커트니 마을로 돌아오는 거야? 같이 다시 피아노도 배울 수 있고?"

소피아의 말이 끝나기도 전에 엠마는 고개를 끄덕이며 웃어 보였어요.

마을을 떠났던 다른 주민들도 하나둘 다시 돌아왔어요. 피아노 선생님도 다시 수업을 시작했고, 카페도, 옷가게도 문을 열었어요.

커트니 마을은 예전의 모습을 되찾기 시작했답니다.

지역 산업과 경제

> 지역 산업의 침체로 인한 마을의 가난

　커트니 마을은 캐나다 밴쿠버 아일랜드, 코목스밸리라는 도시에 있는 작은 마을이야. 호수와 바다, 높지 않은 산과 언덕, 적당한 바람과 따뜻한 기온으로 쾌적한 자연환경을 자랑하는 곳이지. 마을 곳곳에는 전나무가 곧게 뻗어 울창한 숲을 이루고 있어.

　전나무는 재질이 단단하고 치밀해서 건축 자재로 활용되는 경우가 많아. 그래서 과거 커트니 마을에는 목재 산업이 발달해서 나무를 가꾸거나 베는 일을 하는 주민, 베어 낸 나무를 건축 자재로 만드는 제재소에 근무하는 주민들이 많았어.

하지만 1980년대, 목재 산업이 침체되기 시작하면서 위기를 맞게 되었어. 실업률은 높아지고 시간이 지나면서 목재 산업에 종사하던 사람들은 일자리를 찾아 마을을 떠났지.

그러나 마을의 위기는 여기에서 그치지 않았어. 커트니 마을에 있던 공군 기지가 다른 곳으로 옮겨 가면서 마을에서 장사하던 주민들 역시 수입이 줄기 시작한 거야. 마을 주민도 떠나고 공군들도 떠나고, 가게 문을 열어도 찾는 손님이 줄어든 거지. 주민들이 돈을 벌지 못하면서 마을은 점점 가난해졌단다.

지식플러스

지역 산업에 따라 주민들 직업이 달라져요

평야가 많은 지역, 바다로 둘러싸인 지역, 자원이 풍부한 지역, 나무가 많은 지역, 공장이 많은 지역처럼 지역들은 저마다의 특징을 갖고 있어요. 그에 따라 발달하는 산업도 모두 다르지요. 발달한 산업에 따라 주민들의 직업도 달라지는 거예요. 평야가 많은 지역에는 농부가 많고, 바다로 둘러싸인 지역에는 어부가 많아요. 나무가 많은 지역에는 나무 가꾸는 사람, 나무를 베어 파는 사람처럼 나무와 관련된 직업이 생겨요. 공장 지대나 기업, 군부대 같은 시설이 있는 지역에는 공장과 기업, 군부대 직원들의 생활에 필요한 다양한 시설과 상점이 생기고 그곳에 필요한 직업이 생기는 거예요. 커트니 마을에 임업이 발달하고, 공군 기지 사람들이 이용하던 가게나 시설이 있던 것처럼 말이에요. 이렇게 지역의 발달 산업은 자연환경, 사회적 환경의 영향을 많이 받아요. 자연스럽게 지역 산업에 필요한 일자리가 많아지지요. 반대로 지역 산업이 쇠퇴하면 지역 주민들의 소득이나 일자리에도 커다란 영향을 미치게 돼요.

마을의 가난과 경제 위기 극복

주민 한 사람의 아이디어와 솔선수범

우리에게 돈이 없다면, 어떻게 살아야 할까? 먹을거리를 살 수도 없고, 대중교통을 이용해 이동하기도 어렵고, 필요한 물건을 살 수도 없을 거야. 당장 우리의 생활은 어려워질 것이 분명해. 이런 면에서 녹색 달러는 '돈이 없으면 아무것도 할 수 없다.'는 당연한 생각을 깨뜨린 화폐였어.

마을 안에서 먹고 싶은 음식과 물품, 집수리나 아이 돌봄, 미용 같은 서비스를 제공받고 제공하는 거지. 서로에게 필요한 서비스와 물품을 교환하는 방식이기 때문에 이런 거래에 돈은 필요하지 않았어. 여기에는 영국에서 이민 온 컴퓨터 프로그래머, 마이클 린튼이 큰 역할을 했지.

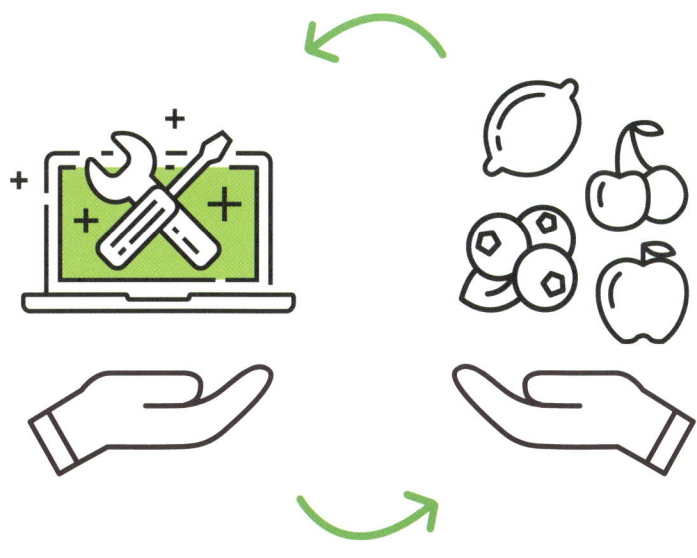

　그는 주민들의 컴퓨터를 먼저 고쳐 주고, 돈이 아닌 것으로 수리비를 받았어. '누군가 해결하겠지.'라며 지켜만 보지 않고, 먼저 솔선수범을 보이며 주민들의 마음을 움직였던 거야. 주민들은 그런 마이클 린튼을 믿고 녹색 달러 사용에 적극 참여했어.

　주민들이 녹색 달러에 대한 믿음을 가질 수 있도록 컴퓨터 프로그램을 활용한 것도 중요했어. 주민들끼리 필요한 물품과 재능 교환이 정확하게 기록되고 모든 주민들에게 공개될 수 있도록 한 거야. 서로의 거래가 투명하게 공개되면서 '누구는 더 가져가고, 누구는 덜 가져간다.'는 불신이 생길 수 없었던 거지.

주민 연대가 보여 준 '돈 없이 사는 법'

주민들은 녹색 달러로 거래하며 서로의 사정을 이해하고 마음을 열었어. 거래를 하다 보면 마을 주민들의 가게나 가정에 방문하게 되고 서로에게 필요한 거래가 무엇인지, 어떤 물품이 필요한지 알게 되기 때문이지. 자연스럽게 대화가 늘어나고 다양한 일상과 고민을 알 수 있게 된 거야.

녹색 달러를 통해 주민들은 재능과 물품의 거래만이 아닌, 마을 주민 서로의 마음을 주고받고 믿음을 키우며 걱정도 함께 나누었어.

※ 공동체를 위한 화폐, '녹색 달러' 알아보기

1. 주민들이 부담 없이 사용할 수 있도록 이자가 없다.
2. 반드시 사용해야 하는 강제성이 없다.
3. 화폐 거래 잔액은 모든 주민들에게 공개된다.
4. 지역 내에서는 일반 화폐를 대신해 쓸 수 있다.
5. 서로에게 필요한 거래를 알고 주민끼리 마음을 주고받게 된다.

세계 여러 마을에서 녹색 달러를 배워 갔어요

1985년 마이클 린튼은 세계적인 경제 전문가 모임에서 강연을 했어. 모임에 참여한 사람들은 녹색 달러가 보여 준 새로운 거래 방식에 관심을 보였지. 그들은 각자 자신의 나라로 돌아가 실천에 옮기기 시작했어. 녹색 달러 방식의 지역 화폐가 전 세계로 퍼져 나가기 시작한 거야.

그중 대표적인 것이 '이타카 아워즈'야. 미국 뉴욕주의 작은 도시 이타카 지역에서 탄생한 이 방식은 주민들이 각자 노동한 시간만큼 다른 주민들이 제공하는 물품이나 재능을 받는 방식이란다.

우리나라에서도 비슷한 방식의 지역 화폐들이 운영되고 있어. 1999년 시작된 대전의 '한밭 레츠'는 녹색 달러의 방식을 적용해 지금까지 운영되고 있고, 서울시 노원구 일대에서 운영 중인 '노원(no won)'은 적립금 방식으로 280여 개의 점포에서 활용되고 있어.

서울의 지역 공동체 '마포 모아'는 주민들이 '모아'라는 지역 화폐를 직접 만들어 활용해. '모아'는 망원 시장을 중심으로 마포구 내에 200여 개 점포에서 사용되고 있는데, 최근에는 '마포 모아'의 모바일 버전인 '모아 페이'도 출시되었어.

➕ 지식플러스

녹색 달러 방식, 우리나라에는 품앗이가 있어요

녹색 달러의 또 다른 이름은 렛츠(LETS: Local Employment and trading System)예요. 우리말로 '지역 일꾼 교환 시스템'으로 나의 재능과 타인의 재능을 교환하는 방식을 뜻해요. 이런 교환 방식은 우리나라의 '품앗이'에서도 찾을 수 있어요. 품앗이는 일을 한다는 뜻의 '품'과 교환한다는 뜻의 '앗이'가 결합된 말이에요. 비슷한 말로 '두레'가 있는데, 두레는 한 가구당 한 사람이 의무적으로 마을 농사를 돕던 것으로 품앗이와는 달라요. 품앗이는 마음 맞는 사람들이 자발적으로 노동력을 교환하는 방식이죠. 우리 가족의 부족한 노동력을 다른 가족에게 빌리고, 나중에 우리의 노동력으로 갚는 방식이에요. 품앗이는 농사일 외에도 결혼식 같은 큰 행사가 있을 때도 사용되었는데, 최근에는 노동력을 빌리고 임금을 주는 방식으로 바뀌었어요.

공공 기관의 지역 화폐로 발전했어요

> 보다 많은 사람들을 위한 녹색 달러의 활용

녹색 달러는 다양한 방식으로 발전했어. 대표적인 것이 지역 화폐야. 특정 지역 내에서 소비할 수 있다는 점에서 녹색 달러와 같지만, 정부와 지역 자치 단체에서 지역 화폐를 발행한다는 점은 달라. 보다 많은 사람들이 활용할 수 있도록 공공 기관에서 직접 화폐를 발행한 거지. 지역 화폐는 대형 마트나 백화점에서는 쓸 수 없고 지역의 소규모 상점이나 골목 상권에서만 사용할 수 있어. 지역 경제를 살리기 위해 발행되는 화폐지.

지역 화폐는 최근 코로나19 바이러스의 확산으로 더 유용하게 활용되었어. 감염을 우려한 사람들이 소비를 줄이면서 지역 경제가 어려워졌기 때문이야. 정부와 지방 자치 단체는 어려움에 빠진 소상공인을 돕기 위해 재난 지원금으로 지역 화폐를 지급했어. 사람들은 자신이 살고 있는 지역의 상점들에서 지역 화폐를 사용함으로써 지역 경제 활성화에 함께하게 됐지.

교과서 속 공동체 키워드

 # 물물 교환 화폐를 사용하지 않고, 물건과 물건을 바꾸는 것을 말해요.

 # 지역 화폐 특정 지역에서 자체적으로 발행해서 그 지역에서만 사용할 수 있는 화폐예요.

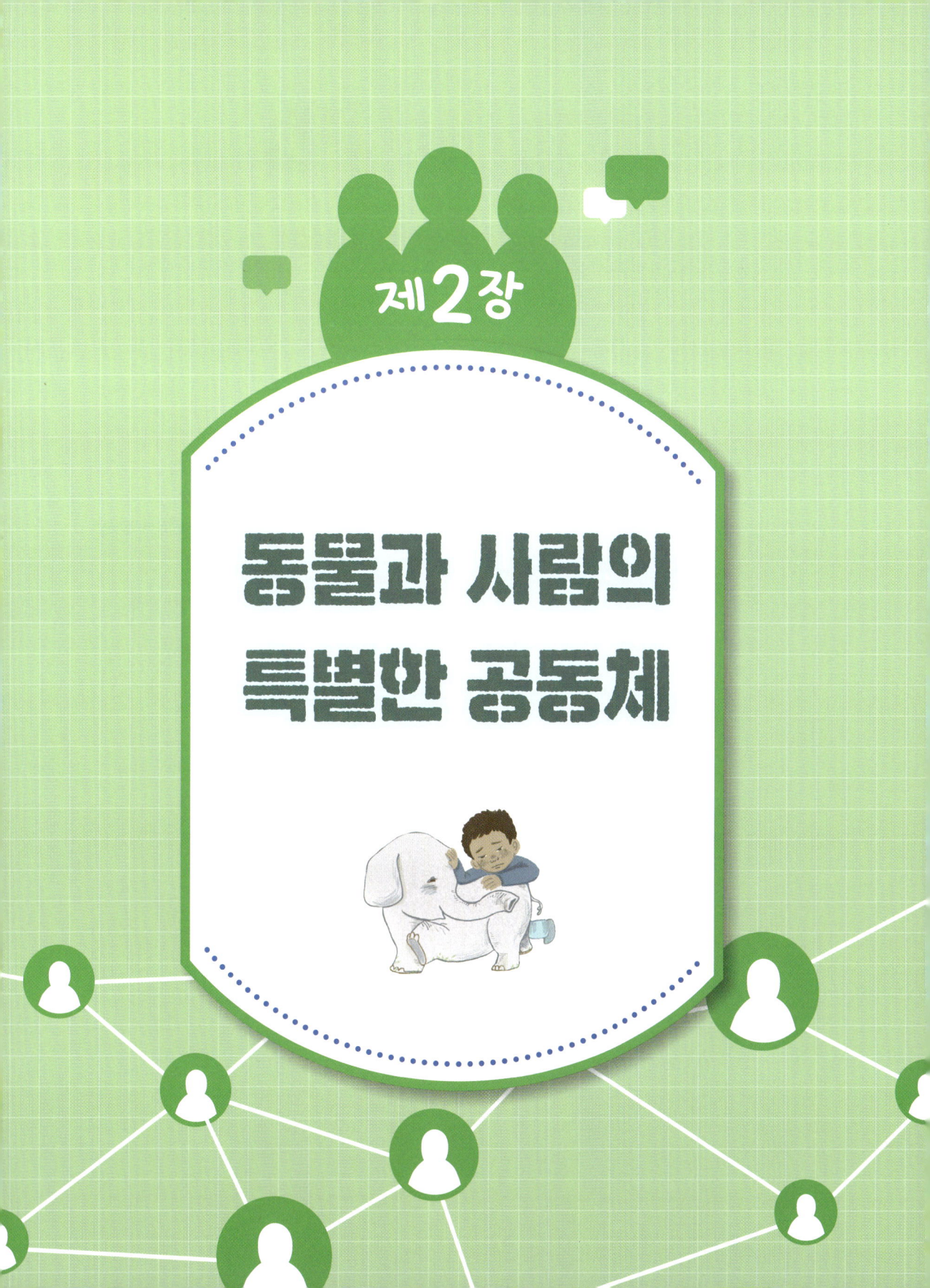

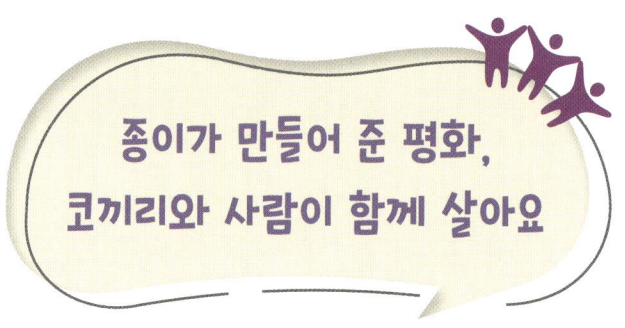

종이가 만들어 준 평화, 코끼리와 사람이 함께 살아요

코끼리와 주민들의 계속된 싸움

탕탕탕.

총소리가 이어지자 회색빛의 코끼리 무리가 언덕으로 도망쳤어요. 긴 코를 흔들며 뛰었지만, 큰 몸 탓인지 힘겨워 보였지요. 코끼리들이 도망치는 것을 본 마을 주민들은 그제야 총구를 내리고 마을로 내려왔어요.

"밭을 다 밟아 놓았어요."

"우리 창고도 엉망이 되었어요. 쌓아 둔 농작물들을 모두 먹어 치웠다고요."

마을 사람들은 누가 먼저랄 것 없이 저마다 하소연을 했어요. 그 모습을 본 디랑카는 코끼리들이 도망간 곳으로 달려갔어요.

'총에 맞은 건 아닐까? 무사해야 할 텐데……'

디랑카는 걱정되는 마음으로 마을 뒤 언덕을 향했어요. 얼마나 열심히

달렸는지 이마에 땀이 맺히고, 숨이 턱까지 찼어요. 잠시 숨을 고르려는 순간, 눈앞에 코끼리 대여섯 마리가 무리 지은 모습이 보였어요. 그중에는 디랑카의 어린 코끼리 친구, 판두도 있었지요. 디랑카는 판두에게 다가가 등을 쓰다듬으며 말했어요.

"판두! 자꾸 이러면 안 돼. 이러다 네가 다치면 난 너무 슬플 거야."

판두는 대답이라도 하듯 코를 흔들어 보였어요.

판두는 디랑카의 동물 친구예요. 스리랑카에는 코끼리들이 사람들과 어우러져 사는 경우가 많아요. 디랑카가 사는 케골 마을도 마찬가지였지요. 디랑카는 판두의 등에 타기도 하고, 코끼리에게 먹을 것을 가져다주며 서로에게 둘도 없는 친구가 되었어요.

하지만 어느 날, 판두가 살던 마을 언덕이 불에 타 버리고, 판두와 코끼리 가족들은 살 곳을 잃고 말았어요. 마을 주민들이 농사지을 땅을 만들기 위해 언덕에 불을 질렀기 때문이죠. 코끼리들은 하루아침에 살 곳을 잃어버린 거예요. 먹을 것 구하기도 어려워졌어요.

결국 코끼리들은 하나둘 마을로 내려오기 시작했고, 마을 주민들은 코끼리들이 내려와 농사를 망친다며 걱정하기 시작했어요. 주민들은 급기야 총까지 들게 되었죠.

처음에는 코끼리에게 겁을 주려 총을 들었지만, 시간이 지나면서 직접 쏘아 죽이기도 하고, 화가 난 코끼리들은 마을 주민들을 공격하기도 했어요. 코끼리와 주민들이 어울려 살던 마을은 평화 대신 싸움만 이어졌답니다.

'코끼리들은 배가 고프면 다시 마을로 내려올 거야. 판두를 숨겨야 할까?'

디랑카는 걱정이 되었어요.

똥으로 종이를 만든다고?

마을 창고 앞에서 주민들이 웅성거리는 소리가 들렸어요. 오늘도 코끼리를 쫓으러 가는 것이 분명했어요. 그때 낯선 남자가 마을 창고를 찾아왔지요. 남자는 매일 들리는 총소리를 모른 척할 수 없었다며, 책을 들고 주민들을 향해 말했어요.

"저는 후지타 라나싱헤가 운영 중인 종이 공장, 막시무스의 직원입니다. 여러분, 지금처럼 코끼리와 싸운다고 문제가 해결되지 않습니다. 코끼리들은 살 곳과 먹을 것을 잃었어요."

"그럼 어떻게 해야 한다는 말이오? 우리도 살기 위해 그랬다고요."

사람들은 남자 직원의 말에 잠시 머뭇거렸지만, 자신들도 어쩔 수 없었다는 말을 덧붙였어요.

"알고 있습니다. 그래서 우리는 코끼리와 함께 사는 방법을 찾아야 합니다. 여기 해결 방법이 있어요. 이 책이 그 열쇠입니다."

남자가 손에 들고 있던 책을 들어 보이며 말했어요. 책이 해결 방법이라니, 주민들은 어리둥절한 듯 서로의 표정만 살폈지요. 그런 주민들을 보며 잠시 말을 멈춘 남자는 주민들의 시선이 자신을 향하자 다시 말을 이어 갔어요.

"우리 회사 주변에는 여섯 마리의 코끼리가 살고 있어요. 코끼리들은 하루에도 엄청난 양의 먹이를 먹어 치우고 그만큼 많은 똥을 싸지요. 우리는 거기에서 힌트를 얻었습니다."

주민들은 어깨를 으쓱하거나 고개를 갸우뚱거렸지만, 이야기가 이어질수록 남자의 말에 더 귀를 기울였어요. 제일 관심을 보인 건, 디랑카였죠.

"똥을 많이 싸는 데서 힌트를 얻었다는 게 무슨 뜻이에요? 똥이 무슨 쓸모가 있었다는 건가요?"

디랑카는 기다렸다는 듯 질문을 했어요. 디랑카의 질문이 반가웠는지, 남자는 활짝 웃으며 고개를 끄덕였어요.

"맞아. 우리 회사에서는 코끼리의 똥을 이용해 종이를 만들었어. 코끼리는 소화 능력이 약해서 식물의 영양분만 흡수한 뒤 배설하거든. 그래서 코끼리 똥 속에는 섬유질이 많아. 이 섬유질을 이용해 종이를 만들게 된 거지."

남자의 말을 듣고 난 디랑카는 신기한 발명품이라도 본 듯 기뻐하며 주민들에게 외쳤어요.

"우리도 코끼리 똥을 이용하면 좋을 거 같아요."

그러나 디랑카의 들뜬 표정과는 달리 몇몇 주민들은 얼굴을 찌푸리며 투덜거리기 시작했죠.

"아무리 그래도 똥이면 더럽잖아요. 사람들이 똥으로 만든 종이를 쓸까요?"

"맞아요. 코끼리 똥으로 어떻게 깨끗한 종이를 만들 수 있죠?"

막시무스의 남자 직원은 주민들을 이해한다는 듯 고개를 끄덕였어요. 그 모습을 보고 있던 디랑카는 남자에게 한 가지 제안을 했어요.

"제게 막시무스 견학을 시켜 주세요. 제가 직접 보고 와서 우리 마을 주민들에게 알릴게요."

디랑카의 적극적인 모습을 본 남자는 흐뭇한 표정으로 화답했어요.

며칠 뒤, 막시무스에 다녀온 디랑카는 마을 주민들이 모인 장소에서 자신이 보고 온 것을 이야기했어요.

"막시무스에서는 코끼리 똥을 햇볕에 말린 후 24시간 동안 끓였어요. 이렇게 하면 세균이 죽는대요. 또 냄새도 나지 않고, 더러운 것은 모두 사라졌어요. 종이를 만들기 위해 나무를 베지 않아도 되고, 더럽지 않다는 게 알려지면서 이 종이는 판매도 잘 되고 있었어요."

코끼리 똥 종이는 더러울 거라며, 관심을 두지 않던 주민들도 이날 디랑카의 말에는 귀를 기울였지요. 디랑카는 계속해서 코끼리 똥으로 종이 만드는 방법을 이야기했어요.

"세균이 모두 죽고 깨끗해진 코끼리 똥을 분쇄기에 넣어 부수고, 물통에 넣은 뒤 체로 거르면 섬유질만 남아요. 이 섬유질을 눌러서 물을 빼고 말리면 종이가 되는 거예요. 종이에 예쁜 색깔을 입힐 수도 있어요."

주민들은 누가 먼저랄 것 없이 비슷한 말을 하기 시작했어요.

"이제 코끼리 똥을 모읍시다. 모아서 막시무스에 가져다주는 거예요. 그럼 우리는 돈도 벌 수 있고, 코끼리와 싸우지 않아도 돼요."

"코끼리가 사는 곳에 불을 지르거나 망가뜨리는 일도 하면 안 돼요."

다음 날부터 마을에는 자연스러운 일상이 만들어졌어요. 코끼리들이 마을로 내려와도 주민들은 총을 꺼내지 않았고, 코끼리들이 사는 곳에 불을 지르는 일도 생기지 않았어요. 코끼리가 똥을 싸면, 차곡차곡 모아 막시무스에 전달하고 그만큼 돈을 벌었어요. 막시무스에 일거리가 늘어나자 직원이 되는 주민들도 생겼지요. 코끼리는 더 이상 마을의 골칫거리가 아닌, 고마운 존재가 되었답니다.

더 많은 코끼리를 보호해야 해요

케골 마을에 평화가 찾아왔지만, 디랑카에게는 아직 해결해야 할 숙제가 남아 있었어요. 주민들과 코끼리가 갈등하며 싸우던 때, 디랑카의 코끼리 친구 판두를 포함해 어린 코끼리들이 부상을 입었기 때문이죠. 아파하는 코끼리들을 볼 때마다 디랑카의 걱정도 커졌어요. 그런 디랑카에게 막시무스 직원이 말했어요.

"코끼리 보육원에 데려가 보렴. 우리 회사가 기부를 하는 곳인데, 아프거나 다친 코끼리, 엄마 아빠를 잃어버린 아기 코끼리들을 보호하는 기관이란다."

코끼리 보육원은 코끼리의 멸종을 막기 위해 만들어진 곳이에요. 막시무스 대표 후지타 라나싱헤는 코끼리 똥 종이를 만들어 팔아서 번 돈을 보다 의미 있는 일에 쓰고 싶다며 수익금의 일부를 코끼리 보육원에 기부한다고 했어요.

디랑카는 마을 주민들과 함께 다친 코끼리들을 데리고 코끼리 보육원을 찾았어요. 보육원에는 총에 맞아 다리를 다친 코끼리부터 정글에서 길을 잃고 고아가 된 코끼리, 산에 불이 났을 때 화상을 입은 코끼리까지, 도움이 필요한 코끼리들이 치료와 보호를 받으며 생활하고 있었죠.

보육원 한편에서는 코끼리를 좋아하는 사람들이 찾아와 엄마 잃은 아기 코끼리에게 우유를 주기도 했어요. 순식간에 우유병을 비운 코끼리들은 더 달라고 보채기도 하고, 어느 정도 배가 부른 녀석들은 서로의 등에 올라타며 장난을 치기도 했죠.

그 모습을 본 디랑카는 왠지 모르게 뭉클했어요. 그동안의 일이 한순간에 스쳐갔죠.

'얼마 전만 해도 코끼리와 주민들이 총을 겨누며 싸웠는데, 코끼리 똥으로 돈을 벌게 되고, 마을 주민들이 일자리도 찾았어. 게다가 코끼리 보

육원에 기부도 할 수 있어. 모든 상황이 기적 같아.'

코끼리들도 아는 걸까요? 어느새 치료를 마친 코끼리들의 표정이 편안해 보였어요. 코끼리들을 데리고 집으로 가는 길, 해질 녘의 케골 마을 풍경은 더없이 평화로워 보였답니다.

동물과 사람의 분쟁

무분별한 개발이 낳은 코끼리와 사람 간의 갈등

스리랑카는 인도 아래에 위치한 섬나라야. 불교와 코끼리로 유명한 나라지. 석가모니가 인간으로 태어나기 전 여러 전생을 거쳤는데, 그중 하나가 코끼리였다고 전해지면서 스리랑카 사람들은 코끼리를 신성시하며 숭배했어.

하지만 이런 스리랑카에서 비극이 발생했어. 사람과 코끼리가 서로의 터전을 침범하기 시작한 거야. 사람들은 집을 짓거나 땔감을 구하기 위해 나무를 많이 베었고, 농사지을 땅을 마련하거나 개발을 한다는 이유로 숲과 정글에 불을 질렀지. 코끼리의 터전을 침범한 거야.

자연스럽게 코끼리가 살 곳은 사라져 갔고, 배고픈 코끼리들은 먹을 것을 찾

아 마을로 내려왔어. 코끼리들은 농장을 짓밟아 엉망으로 만들고, 주민들의 주거지에 피해를 입혔어. 이를 막으려던 주민들은 코끼리에게 총구를 겨누거나 폭탄을 설치하기도 했지. 심지어는 코끼리들이 다니는 길에 전기선을 설치하는 사람도 있었어.

죽고 다치는 코끼리들이 생기면서 성난 코끼리들이 떼로 몰려와 사람들을 해치기도 했어. 코끼리의 습격이 시작되면서 한 해에 목숨을 잃거나 다치는 사람만 200여 명에 달하고, 100여 마리의 코끼리가 죽거나 다쳤어.

➕ 지식플러스

스리랑카는 코끼리를 숭배하는 나라예요

　코끼리는 스리랑카에서 가장 사랑받는 동물이에요. 석가모니의 여러 전생 중 하나가 코끼리였고, 어머니인 마야 부인이 석가모니를 낳기 전, 흰 코끼리 태몽을 꾸었다고 알려져 있기 때문이에요. 코끼리는 불교 사원과 부처의 수호신으로 스리랑카 건축물과 미술에도 자주 등장했어요. 종교 행사의 맨 앞에 서는 것도 코끼리이고, 지역 축제에서는 화려한 천으로 만든 옷을 입고 앞서 행진하는 것도 코끼리예요. 라오스나 미얀마의 코끼리가 일꾼으로 부려지는 것에 비교한다면, 스리랑카의 코끼리는 귀한 대접을 받았던 거예요. 최근에는 스리랑카에서 신성시 되던 코끼리 '라자'가 68세로 숨을 거두었는데, 많은 국민들이 슬퍼했어요. '라자'는 스리랑카의 유명한 축제에서 부처의 사리를 등에 얹고 행진하던 코끼리였기 때문이죠. 이런 이유로, 코끼리와 사람 간의 분쟁은 스리랑카의 커다란 사회 문제가 되었던 것이랍니다.

코끼리와 사람이 함께 사는 지혜

'코끼리 똥 종이'라는 기발한 발명

코끼리는 몸집이 큰 만큼 많은 똥을 싸. 하루에 20여 차례나 똥을 싸고, 그 양은 코끼리 한 마리당 50킬로그램 정도가 되지. 코끼리 열 마리면 500킬로그램, 스무 마리면 1톤이나 되는 양이야. 스리랑카 사람들에게는 이 많은 양의 똥을 처리하는 일도 골칫거리였어.

이때 막시무스라는 사회적 기업이 아이디어를 냈어. 코끼리 똥에 섬유질이 많다는 것에서 힌트를 얻고 종이를 만들기로 한 거야. 코끼리는 대표적인 초식동물로 소화 능력이 약하거든. 먹이를 먹으면 영양분만 쏙 빠지고, 섬유질이 그대로 나와. 코끼리 똥 50킬로그램 중 섬유질은 최대 10킬로그램이나 된다고 해.

1997년 막시무스의 대표 후지타(현재 막시무스 대표 투시타 라나싱헤의 아버지)는 섬유질로 파피루스라는 종이를 만들던 옛날 사람들의 지혜를 떠올렸고, 코끼리 똥으로 종이를 만들었어. 이때부터 사람들은 코끼리의 똥을 모으기 시작했지. 코끼리 똥으로 종이를 만들게 되면서 사람들은 코끼리들이 마을에 내려와도 해치지 않았어. 자연스럽게 코끼리와 사람들이 부딪치는 일도 크게 줄게 되었어.

일자리 창출과 멸종 위기의 코끼리 보호

코끼리 똥으로 종이를 만들게 되면서 막시무스에는 더 많은 직원들이 필요했어. 덕분에 마을 주민들은 새로운 일자리를 얻게 되었지. 마을 주민들에게 코끼리는 골칫거리가 아닌 고마운 존재가 된 거야. 마을 주민들은 그동안의 일을 반성했어. 코끼리가 사람들과 갈등을 겪고 죽게 되면서 아시아코끼리는 멸종 위기에 처했거든. 주민들은 코끼리와 함께 살아가야겠다고 생각했어. 그렇게 해서 만들어진 곳이 '코끼리 고아원'이야.

코끼리 고아원은 병들거나 장애를 가진 코끼리, 정글에서 길을 잃고 고아가 된 코끼리들을 보살피는 곳이야. 막시무스에서는 코끼리 똥 종이로 생기는 수익금 중 일부를 코끼리 고아원에 기부하고, 열대우림을 보호하는 기금도 마련했어.

막시무스의 대표 후지타 라나싱헤는 말했지.

"돈을 버는 것도 중요하지만, 우리에게 수익금을 보다 의미 있는 방식으로 나눌 기회가 있고 그것을 실천한다면, 더 이로운 일이 되지 않을까요?"

마을 주민들은 코끼리를 통해 돈을 벌고, 다시 코끼리를 돌보는 선순환의 구조를 실천했던 거야.

코끼리 똥 종이, 환경을 보호해요

똥으로 종이를 만든다고 더럽고 냄새나지 않을까, 생각하지는 않았니?

하지만 걱정하지 않아도 돼. 코끼리 똥으로 종이를 만드는 과정은 그런 걱정을 하지 않아도 될 만큼 여러 단계를 거치거든.

먼저 코끼리 똥을 모아 햇볕에 말린 후 24시간 동안 끓여. 이 과정에서 세균은 모두 죽고 섬유질만 남게 되지. 그런 다음 이 섬유질을 폐지와 섞어 끓이는데, 이때 걸쭉해진 섬유질을 틀에 받쳐서 건져 내고, 압축기로 누른 뒤 그늘에서 말리면 종이가 되는 거야. 화학 약품이 전혀 들어가지 않은 친환경 종이가 만들어지는 거지.

 코끼리 똥 종이를 만들고 사용하는 일은 나무와 숲을 보호하는 것이기도 해. 나무 한 그루에서는 A4 용지 1만 장을 얻을 수 있어. 코끼리가 하루에 배설하는 똥 50킬로그램 중 섬유질은 10킬로그램인데, 이것으로는 A4용지 660장을 만들 수 있지. 이 양을 다시 1년으로 계산하면, 무려 24만 장 정도의 종이를 만들 수 있어. 나무를 24그루 살릴 수 있는 양이야. 코끼리 똥 종이를 쓰는 만큼 나무를 보호할 수 있어.

➕ 지식플러스

세계에는 다양한 똥 종이가 있어요

　코끼리 똥으로 종이를 만들 수 있었던 건, 코끼리가 초식 동물이기 때문이에요. 풀이나 나뭇잎, 과일을 먹는 초식 동물들의 똥에는 섬유질이 많기 때문이죠. 세계 여러 나라에서는 코끼리 똥 종이 외에도 다양한 초식 동물들의 똥 종이가 만들어지고 있어요. 오스트레일리아 태즈메이니아에서는 캥거루 똥 종이인 '루푸'가 만들어지고 있는데, 캥거루 똥 25킬로그램이면 A4용지보다 조금 작은 종이 400장을 만들 수 있다고 해요. 이 밖에 스칸디나비아 반도에서는 '엘크 똥 종이'를, 아프리카에서는 '물소 똥 종이'를 만들어 사용하고 있어요. 우리나라에서도 과거 말의 똥으로 종이를 만들어 사용했어요. 마분지라는 종이인데, 지금은 거의 만들어지지 않고 있어요.

코끼리 똥 종이의 발전

다양한 디자인으로 전 세계에 수출해요

2001년 막시무스는 일본의 미치코프라는 회사와 협력하면서 수첩과 공책, 스케치북 같은 다양한 상품에 세련된 디자인을 입힌 코끼리 똥 종이 제품을 만들게 되었어. 2004년부터는 수출 길도 열리게 되었지. 당시에는 코끼리 보호를 위한 워싱턴 조약으로 코끼리와 관련된 모든 수출입이 금지되어 있었지만, 코끼리 똥 종이는 코끼리 보호를 위한 일이라는 것을 알리며 수출 길도 열리게 된 거야.

코끼리 똥 종이가 한국에 소개된 것은 2009년부터였어. 그때부터 한국은 디자인과 유통, 일본은 디자인과 전 세계 유통, 스리랑카는 코끼리 똥 종이 제작과 제조의 역할을 맡아 지금은 세계 20여 개국에 수출하고 있어.

교과서 속 공동체 키워드

섬유질(셀룰로이스) 식물 세포벽을 구성하는 성분으로 물에서 건져 체에 받쳐 말리면 종이가 돼요.

열대우림 적도 근처에 있는 지역으로 1년 내내 덥고 비가 많이 오는 지역이에요. 햇빛이 많아 식물들이 잘 자라고 다양한 동물의 서식지가 되고 있어요.

서식지 생물들이 살고 있는 자연환경으로 먹이를 구하고 위험을 피하는 피난처가 되는 곳이에요.

제3장

삶의 공간을 함께 만든 주거 공동체

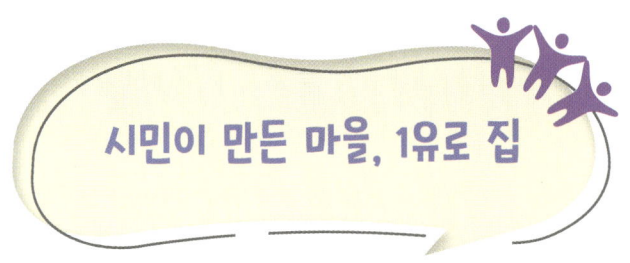

시민이 만든 마을, 1유로 집

낡은 집, 위험한 마을에 살아요

"안 되겠어. 저쪽 길로 가자."

학교 수업이 끝나고 집으로 가는 길, 로이는 샘의 팔을 잡아끌며 말했어요.

"이 길만 건너면 집인데, 저 아저씨 때문에 한참을 돌아가야 하잖아."

샘은 가던 길 건너편을 노려보며 볼멘소리를 했어요.

"술 취한 사람들도 많고, 마약상들도 있을지 모르잖아. 어쩔 수 없어."

길 건너에서는 술에 취한 남자가 고래고래 소리를 지르고 있었어요. 남자는 일주일째 같은 자리에 앉아 사람들에게 시비를 걸었죠.

로이와 샘이 사는 마을은 네덜란드 로테르담의 스팡언 지역이에요. 2000년대에 접어들며 지역 산업은 쇠퇴했고, 건물은 노후화되기 시작했어요. 스팡언은 손꼽히는 낙후 지역이었죠. 노숙자와 마약상이 드나들고, 범죄율도 높았답니다. 술에 취해 소리를 지르던 남자도 그런 사람들

중 하나였어요. 사람들은 더 이상 스팡언에 살 수 없다며 마을을 떠나기 시작했어요.

로이와 샘은 학교에서 출발한 지 30분 만에 마을 중앙의 낡은 건물 앞에 멈춰 섰어요. 붉은 벽돌의 낡은 건물을 사이에 두고, 집으로 가는 방향이 갈리기 때문이에요.

"로이, 잘 가. 오늘은 간식이 무사하길 바라."

샘은 인사를 건네며 덧붙여 말했어요. 로이가 하교 후 먹으려던 간식을 항상 쥐들에게 빼앗겼기 때문이었죠. 집에 도착한 로이는 여느 때처럼 발끝을 세우고는 두리번거리며 집 안으로 들어갔어요. 그때, 주방 싱크대 밑으로 긴 꼬리 하나가 빠르게 사라지는 것이 보였어요.

"야, 이제 우리 집에는 그만 좀 찾아오라고."

로이가 집 안으로 들어서자 싱크대 위에 놓여 있던 빵은 온데간데없고, 주방 바닥에는 빵 부스러기들이 흩어져 있었어요. 로이는 미간을 찌푸리며 울상을 지었어요. 배가 고파질 시간이라, 집에 오면 빵을 먹어야겠다고 생각했거든요. 하지만 오늘도 간식의 주인은 로이 대신 쥐가 된 거예요.

오래되어 낡고 냄새 나는 로이네 집에는 하루가 멀다 하고 바퀴벌레와 쥐들이 찾아왔어요. 벽에는 곰팡이가 잔뜩 피었고, 쾨쾨한 냄새도 진동

했어요. 그래도 불평할 수는 없었답니다. 살기 좋은 마을의 집들은 값이 비싸거든요. 로이네 집을 판다고 해도 그 돈으로는 살 수 없었죠. 시간이 지날수록 로이의 걱정도 커졌답니다.

1유로에 집을 팝니다

주말 아침, 모처럼 늦잠에 빠져 있던 로이는 어수선한 소리에 잠이 깼어요. 창밖을 보니, 누군가 가방을 짊어진 채 짐이 잔뜩 실린 차에 오르고 있었죠. 이웃집 쌍둥이 여자아이들이었어요.

'저 아이들도 떠나는구나. 샘도 떠나면 어쩌지?'

마을 사람들이 떠나는 모습은 익숙해졌지만, 로이는 슬펐어요. 샘의 가족도 집을 구하는 대로 스팡언을 떠나 이사할 거라고 말했거든요.

주말이 지나고 다시 한 주가 시작되었어요. 학교 수업을 마친 로이와 샘은 평소처럼 먼 길을 돌아 집으로 향했어요. 그리고 붉은 벽돌의 낡은 건물 앞에서 인사를 나누었죠. 그 순간, 여느 때와 달리 거리에 많은 사람들이 북적이고, 건물 안으로 여러 무리의 사람들이 들락거리는 모습이 보였어요.

"1년 안에 공사를 마쳐야 한다지?"

"공사를 하면 깨끗해지겠지만, 건물이 너무 낡았어. 동네도 어둡고."

건물을 나오던 사람들은 모두 비슷한 말을 했어요. 로이는 궁금했지만 어른들의 일이니 크게 신경 쓰지 않았어요. 이후로도 사람들의 발길은 한동안 이어졌어요.

그리고 어느 날, 로이와 샘은 붉은 벽돌 건물 안으로 여러 공사 장비들과 사람들이 드나드는 모습을 보았어요. 그 앞에는 한쪽 손으로 곰 인형을 안고 다른 쪽 손은 아빠로 보이는 남자의 손을 잡고 있는 여자아이도 있었죠. 로이와 샘은 서로 마주보았어요. 눈빛만으로도 둘 다 지금의 상황을 궁금해하고 있다는 걸 느꼈죠.

"무슨 일인지 물어볼까?"

로이의 말에 샘은 기다렸다는 듯 고개를 끄덕였어요. 둘은 잰걸음으로 남자에게 다가갔죠.

"주방은 하얀색 타일로 바꾸고, 벽지는 따뜻한 느낌의 색으로 하겠습니다."

남자는 자신 앞에 로이와 샘이 서 있는 것도 모른 채, 집을 보며 연신 무언가 말하고 있었어요. 그 틈에 로이는 집 안을 엿보았지요. 공사가 한창 진행 중이었지만, 이미 공사를 마친 방에는 밝은색으로 단장된 벽과 하얀색 커튼이 바람에 흩날리고 있었어요. 반쯤 열린 창문으로는 방 안 가득 햇빛도 채워져 있었죠. 더없이 아늑한 풍경에 로이는 눈을 떼지 못했답니다.

"저런 집에 살고 싶다."

로이는 자기도 모르게 중얼거렸어요.

"이 집이 마음에 드니?"

어떤 아저씨가 로이에게 말을 걸었어요. 깜짝 놀란 로이는 눈만 동그

랗게 뜬 채 아무 말도 못 했어요. 샘도 놀랐는지, 로이의 팔을 잡아끌며 가자는 신호를 보냈어요.

"1유로만 있으면 집을 살 수 있단다. 물론 집을 고치는 건 주인이 스스로 해야 해."

아저씨는 로이가 궁금해하는 마음을 이해한다는 듯 말을 이어 갔어요.

"집을 고치는 일은 쉽지 않지만, 이 건물에는 집수리를 도와줄 건축가도 두 분이나 있단다. 혹시 이 집에 살고 싶다면, 연락해 보렴."

아저씨는 전화번호를 적은 쪽지를 로이에게 건넸어요. '휠스호프', '판휠턴'이라는 이름과 사무실 전화번호가 적혀 있었어요. 여전히 궁금한 것은 많았지만, 왠지 희망이 생기는 것 같았어요.

로이는 아저씨에게 넙죽 인사를 하고는 샘과 함께 집으로 향했답니다.

"집이 1유로라고?"

집에 도착한 로이는 방금 전 만난 아저씨의 말을 부모님에게 전했어요.

"네, 1유로에 집을 사서 직접 고치면 된다고 했어요."

"마을 중심에 있는 오래된 건물, 붉은 벽돌 건물을 말하는 거지?"

로이와 아빠의 대화를 듣던 엄마는 잠시 기억을 더듬으며 말했어요.

"맞아요. 1유로 집, 얼마 전 TV에서 붉은 벽돌집을 1유로에 판다는 광고를 봤어요. 집값이 거의 공짜라 관심을 가졌지만, 우리가 집수리를 할 수 없다고 생각했죠."

엄마의 이야기를 듣던 로이는 손에 쥐고 있던 쪽지를 건넸어요. 쪽지 내용을 읽어본 아빠는 엄마를 한번 보시더니 고개를 끄덕였지요.

"내가 이 사람을 한번 만나 보겠소."

엄마도 화답하듯 옅은 미소를 지으며 고개를 끄덕였어요.

다음 날 오후, 로이가 집에 돌아오니 엄마, 아빠는 집 안 곳곳에 쌓여 있던 물건들을 정리하고 있었어요.

"무슨 일이에요? 왜 물건들을 정리하는 거예요?"

"네가 준 쪽지를 보고 휠스호프 씨와 판휠턴 씨를 만났단다. 그리고 1유로 집을 사서 고치기로 했어. 두 사람은 흔쾌히 우리 집 고치는 일을 돕겠다고 했단다. 그럼 우리 집을 판 돈으로도 고칠 수 있을 거야."

"집이 고쳐지면 곧바로 이사해야 하니, 틈틈이 물건들을 정리해야 해. 로이, 어서 와서 도와주렴."

아빠, 엄마의 말이 끝나기도 전에 로이의 표정은 미소로 가득했어요. 로이는 앞으로 완성될 집을 상상하며 부모님을 도와 물건을 정리했답니다.

우리 마을이 달라졌어요

휠스호프 씨와 판휠턴 씨의 도움을 받아 로이네 집수리가 시작되었어요. 이미 집수리를 진행하고 있던 주민들은 서로의 경험을 전달하며 로이네가 집을 고치는 것을 도왔어요.

"벽지는 커튼과 다른 색으로 하는 게 좋겠어요."

"물건 가격이 저렴한 곳을 소개할게요."

주민들 중에는 예술가도 있고, 선생님도 있고, 청소를 잘하는 사람도, 나무와 꽃을 잘 가꾸는 사람도 있었어요. 각자의 재능은 1유로 집 전체가 완성되는 데 소중하게 쓰였어요. 건물 주변에 늘어져 있던 쓰레기를 함께 치우고, 꽃과 나무를 심을 화단과 주민들이 함께 이용할 공간을 만드는 것에도 함께 아이디어를 모으며 적극적으로 참여했죠. 모두 한마음으로 마을을 가꾸었어요.

"꽃을 심으니 마을 분위기가 달라졌어요. 다른 색 꽃을 더 심어 봐도 좋겠어요."

"옥상에는 주민들이 함께 이용할 수 있도록 정원을 만들면 좋겠어요."

시간이 지날수록 스팡언 마을의 어두운 분위기는 나무와 꽃, 사람들의 밝은 모습들로 채워져 갔답니다.

그러던 어느 날, 방학 동안 할머니 댁에 다녀왔던 샘이 부모님과 함께 공사 현장을 찾아왔어요.

"로이, 우리도 이곳으로 이사 올 거 같아."

샘의 부모님도 1유로 집을 신청했지만, 직접 수리하는 것에 부담을 느꼈다고 했어요. 하지만 휠스호프 씨와 판휠턴 씨, 주민들의 모습을 보고 입주를 결심했다고 했죠.

"정말이야? 그럼 우리 헤어지지 않아도 되는 거네?"

"응, 맞아. 우리 엄마는 마을이 깨끗해지면 우리가 하굣길에 술 취한 사람들이나 마약상들과 안 마주쳐도 된다고 기뻐하셨어."

로이와 샘은 말이 끝나기도 전에 집 주변을 뛰며 함께 기뻐했어요. 샘의 부모님도 그런 로이와 샘을 흐뭇하게 바라보며 마을의 화단 가꾸기를 도왔답니다.

오래된 마을의 산업 쇠퇴

외면받는 낡은 주택과 도시

지역마다 경제, 문화, 교육, 정치의 중심이 되는 도시들이 있어. 사람들은 편리한 생활과 일자리를 찾기 위해 도시로 모이게 되지. 자연스럽게 살기 좋은 지역의 주택들은 값이 오르고, 낙후된 지역의 오래된 집은 사람들에게 외면받게 돼.

네덜란드 로테르담 시에 속한 스팡언 지역도 그중 하나였어. 하지만 스팡언 지역이 처음부터 낙후된 지역은 아니었어. 2000년대에 접어들며 주요 산업에 변화가 생기고, 스팡언 지역의 산업에도 변화가 생겼어. 지역을 발전시켰던 공장들은 떠나게 되고, 일자리를 잃은 주민들도 하나둘 마을을 떠났어.

남아 있는 집과 건축물은 노후화되고 마을은 노숙자와 마약상들이 찾는 우

범 지대로 변해 갔지. 하지만 모든 주민이 마을을 떠난 건 아니었어. 스팡언을 떠나고 싶지만, 다른 동네의 비싼 집으로 이사할 형편이 안 돼서 어쩔 수 없이 남게 된 사람들이 있었던 거야.

로테르담 시는 스팡언 지역의 낡은 집을 새로 고쳐 되파는 방식을 선택했어. 하지만 그마저도 구입할 수 없는 주민들이 있었고, 큰돈을 쓴 것에 비해 효과는 적었어. 로테르담 시가 스팡언 지역의 주거 문제를 위해 쓸 수 있는 돈은 점점 부족해졌고, 마을은 더욱 살기 어려운 지역으로 변해 갔지.

➕ 지식플러스

스팡언 지역이 속한 로테르담은 어떤 도시일까요?

　네덜란드 로테르담 시는 제2차 세계대전 이후 도심의 대부분이 파괴되었어요. 1950년대 이후에는 계획도시로 성장했지만, 2000년대에 접어들며 로테르담의 중심 산업들이 쇠퇴하고 건물들은 노후화되기 시작했어요. 도시를 다시 활성화시켜야 한다고 판단한 로테르담 시는 낙후된 지역을 다시 살리기 위해 노력했어요. 특히 도시민들이 직접 나서 지역의 재생을 주도하는 활동들이 다양하게 일어났지요. 그 결과 네덜란드 로테르담 시에는 도시 재생 사례로 손꼽히는 지역들이 많아졌답니다.

우범 지대를 바꾼 도시 사업

주택 마련의 새로운 방식

스팡언 지역의 주거 환경이 나아지지 않자, 2004년 두 명의 건축가가 새로운 아이디어를 제안했어. 네덜란드 건축가 이네커 휠스호프 씨와 프란스 판휠턴 씨였지. 로테르담 시가 낡고 방치된 주택을 사들이면 입주 희망자들이 직접 수리하고 거주하는 것이었어. 거주할 사람이 1유로(한화 약 1365원)만 내고 집을 구입한 후 2년 안에 스스로 고쳐 거주하는 방식이야.

이 사업의 이름은 '169 클뤼스하우즌(Klushuizen)'이라고 해. 집을 구입하는 비용이 거의 들지 않는 대신 집을 고치는 비용이 필요했지. 낡은 주택이라 고치는 비용이 많이 필요했지만, 아낄 수 있는 부분을 아낀다면 비싼 주택을 구입하는 것보다 적은 비용으로 새집을 마련할 수 있는 기회였어.

획기적인 이 방식에 많은 사람들이 관심을 가졌고, 42가구가 이 사업에 참여했어. 리모델링할 비용만 부담할 수 있다면, 돈이 그리 많지 않은 사람들도 새 집에서 살 수 있다는 희망을 가질 수 있게 된 거야.

그뿐만이 아니야. 각자의 개성에 맞춰 집을 꾸미다 보니, 주민들은 집에 대한 만족도가 높았어. 2년 후 스팡언 지역은 주거지 재생의 성공 사례로 언급되었고, 그 뒤 지역의 주거 환경 수준 평가에서도 높은 점수를 기록했어.

+ 지식플러스

'169 클뤼즈하우즌'에 대해 알아봐요

클뤼즈하우즌 프로젝트는 거주자가 낡은 건물을 저렴한 가격에 구입해 직접 고치고 꾸미는 도시 재생 사업을 말해요. 소비자가 직접 만드는 상품 DIY(Do it your self)의 방식을 도시 개발 사업에 활용한 거예요. 과거에는 흔하지 않던 방식으로, 내가 원하는 모습으로 집을 꾸미려던 사람들에게 좋은 기회를 제공한 거죠. 저렴한 가격이었지만, 집의 크기도 작지 않았어요. 어린아이가 있는 가정이 살기에도 적당한 크기였어요. 클뤼즈하우즌 프로젝트는 저렴한 가격에 내 집을 마련하고, 개성 있는 사람들이 원하는 집을 만들며, 지방 정부가 열악한 도시 환경을 개선할 수 있었던 사업으로, 도시 재생의 성공으로 이어졌어요.

스스로 함께 만든 공동 주택

'1유로에 집을 사세요.'

로테르담 시는 지역 방송에 광고를 하며 획기적인 주택 매입 방식을 알렸어. 사람들은 파격적인 집값에 관심을 보였고, 400명 이상의 사람들이 스팡언 지역을 찾았지. 그러나 최종적으로 입주를 결심한 건 42가구였어. 스스로 고치는 것에 생각보다 부담을 많이 느꼈던 거야. 입주민들은 자신의 집부터 집 앞 화단, 공동 장소까지 함께 고민하고 만들어야 했기 때문이지.

하지만 가능할까 싶던 이 문제는 시간이 지날수록 실타래 풀리듯 해결이 되었어. 입주를 결정한 주민들은 건축가, 예술가, 교사 등 직업도 나이도 다양한 계층으로 구성되었고, 서로의 다양한 의견은 집을 고치고, 살기 좋은 주거 환경을 만들어 가는 데 큰 도움이 되었기 때문이야.

특히 건축가인 휠스호프 씨와 판휠턴 씨는 입주자들이 낡은 집을 고치는 데 큰 도움을 주었고, 입주자들은 저렴한 가격으로 집수리를 마칠 수 있었어. 예술가들은 마을을 보다 세련되고 개성 있는 모습으로 바꾸었지. 입주자들은 정원의 나무와 꽃, 함께 이용하는 공동 창고와 옥상 정원을 만드는 데도 함께 의견을 모으고 참여했어.

1유로의 집에는 '발리스 블록'이라는 새 이름이 붙여졌어. 입주민들은 입주를 마친 후에도 공동의 문제를 해결하기 위해 함께 고민하고 노력했어.

　스스로 만든 집 덕분일까? '발리스 블록'의 입주민들은 내가 사는 집과 마을에 대한 애정도 남달랐어.

반짝이는 아이디어로 다양한 도시 재생을 이루었어요

> **버려진 땅의 재탄생**

네덜란드에는 '1유로 집'처럼 다양한 아이디어와 주민 협력을 통해 매력적인 도시로 발전한 곳들이 많아.

버려진 배 위에 선상 사무실을 꾸민 암스테르담의 '드커블'도 그중 하나야. 조선소와 공장이 많던 드커블은 오염이 심해 활용이 어려웠던 곳이거든. 그런 땅을 정화하기에는 시간이 많이 필요했는데, 그때 반짝이는 아이디어가 나왔어. 네덜란드에는 개인 소유의 보트가 많았는데, 그들이 버린 보트를 활용해 선상 사무실을 꾸민 거야. 오염된 땅과 물의 정화는 특수 식물과 기술로 처리하고 태양광 에너지 시설도 설치했지. 실험과 같았던 이 과정이 성공하면서 이 지역을 찾는 사람들도 많아졌어.

우범 지역이던 곳을 패션 산업 도시로 만든 사례도 있어. '아른헴 패션 특화 지역'이야. 이곳에는 유명 패션스쿨이 있었는데, 이 학교 졸업생들이 떠나는 것을 안타까워했던 마을 주민 한 사람이 패션 특구를 제안했던 거지. 이곳에서 만들어지는 옷에 '100% 모드(mode)'라는 상표를 달아 지역 브랜드를 만들고, 주민들과 함께 거리를 바꾸었어.

이 밖에도 트램의 차고지에 영화관, 호텔, 도서관처럼 주민들이 함께 쓰는 공간을 만들고 운영한 '더 할런', 항구 주변으로 버려진 창고에 특색 있는 푸드 코트를 만든 '페닉스 푸드 팩토리'가 있어.

교과서 속 공동체 키워드

 # 공동 주택 여러 가구가 하나의 건축물 안에 각자 생활할 수 있도록 만든 큰 집이에요.

 # 도시 재생 기존에 있던 낙후된 도시에 기능을 더하여 더욱 살기 좋은 마을로 환경을 개선하는 사업을 말해요.

제4장

식량 위기를 극복한 농업 공동체

가뭄을 이기는 새로운 농법

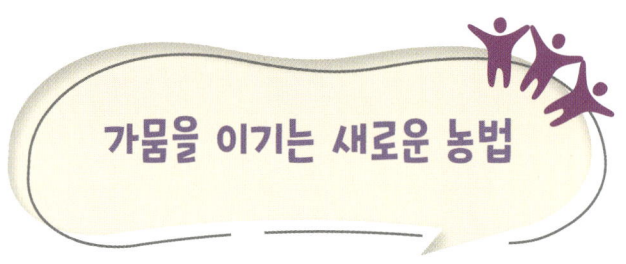

비가 오지 않아 먹을 것이 없어요

"응애, 응애, 애애애애."

이브나를 깨운 건, 몇 달 전 태어난 동생의 울음소리였어요. 엄마가 먹

지 못하니, 아기도 여러 날 젖을 먹지 못했죠. 아기를 위해 무엇이라도 찾아야 하지만, 아기를 위한 음식은커녕 집 안에 먹을 것이라고는 어떤 것도 남아 있지 않았어요. 이브나는 서둘러 아기가 있는 방으로 갔어요. 엄마는 안 계시고, 아기는 반쯤 감긴 눈으로 방 한구석에 뉘어 있었어요. 목청 높여 울던 아기는 지친 듯 얕은 숨만 내쉬고 있었죠.

"아가, 엄마는 물을 길러 가신 거 같아. 금방 오실 거야."

이브나가 사는 곳은 아프리카 베냉이라는 나라의 작은 마을이에요. 가

품으로 농사가 어려워지자, 마을 사람들은 먹을 것이 없어 힘들어했죠. 아빠는 한 해 전 질병으로 돌아가시고, 오빠는 일을 찾는다며 집을 떠났어요. 이브나네 집에는 엄마와 아기, 이브나 세 사람만 남게 되었죠. 엄마는 틈만 나면 물을 길러 나가셨기 때문에 그때마다 아기를 돌보는 것은 이브나의 몫이 되었어요.

"찾았다. 아가야, 조금만 기다려."

이브나는 며칠 전 마을 사람들이 두고 간 구호 물품이 생각났어요. 작은 보퉁이 안에는 데우기만 하면 바로 먹을 수 있는 죽도 있었지요. 땅콩과 버터가 들어간 죽은 끓이는 동안 걸쭉해지며 고소한 냄새를 풍겼어요. 이브나는 입안 가득 침이 고이는 걸 간신히 참으며, 아기가 먹기 좋게 죽을 식혀 방으로 가지고 갔어요.

아기는 이미 냄새를 맡았는지, 눈을 동그랗게 뜨고는 입을 오물거리고 있었죠. 아기는 순식간에 몇 숟가락을 받아먹더니, 다 먹기도 전에 스르륵 잠이 들었어요.

이브나는 안 된다고 생각하면서도 아기가 남긴 죽이 반가웠답니다. 저도 모르게 남은 죽을 먹은 이브나는 손을 모아 기도했어요.

"하느님, 비가 오게 해 주세요. 그래서 우리 집에도 먹을 것이 많아지게 해 주세요."

기도하던 이브나의 눈에 물을 길어오는 엄마의 모습이 보였어요. 깡마른 엄마의 몸이 유난히 힘겨워 보였지요. 이브나는 기도하던 두 손을 다시 꼭 쥐며 하늘에 마음이 닿기를 소망했답니다.

날씨가 아니라 농법이 달라져야 한다고요?

이브나네 집이 모처럼 북적거렸어요. 2년 전 집을 떠났던 이브나의 오빠, 오커우가 돌아왔거든요. 오커우는 돌아오자마자 마을 사람들을 만나겠다며 집으로 초대했어요.

"오랜 시간 고향을 떠났다 돌아왔지만, 여전히 반복되는 가뭄으로 먹을 것이 부족한 것을 봤어요. 정말 마음이 아픕니다. 이 문제에 대해 저는 여러분께 알려 드릴 것이 있습니다."

마을 사람들은 무슨 일인지 궁금해하며 오커우의 이야기를 들었어요.

"우리는 비만 오면 식량 부족이 해결될 것이라 생각하지만, 아닙니다."

마을 사람들은 오커우의 말이 이해되지 않았어요. 식량이 부족한 건 온전히 가뭄 때문이라 믿었기 때문이죠. 사람들은 양팔을 들며 어깨를 으쓱거리거나 고개를 갸웃거리기만 했어요. 오커우는 사람들의 반응을 예상했는지 고개를 끄덕이며 말했죠.

"여러분 마음은 이해합니다. 비가 와야 농사가 되고 농사를 지어야 먹을 것이 생기니까요. 하지만 농사는 비만 많이 온다고 잘되는 것이 아니에요. 물이 없으면 물을 찾고, 농사짓기 좋은 땅을 만들어야 해요."

마을 어른들은 여전히 오커우의 말이 이해되지 않았어요.

"비가 오지 않는데 물을 어디서 구하지?"

"우리가 신도 아닌데, 농사짓기 좋은 땅은 어떻게 만든다는 거니?"

사람들의 푸념은 봇물 터지듯 이어졌어요. 오커우는 설득이 어려울 것을 예상했는지, 말을 잠시 멈추었다가 질문에 답을 했어요.

"우리의 몸은 영양분을 필요로 하죠. 땅도 마찬가지예요. 저는 마을에서 물을 찾고, 가축을 키우며 그 해답을 찾으려 합니다. 함께해 주신다면 우리도 식량 부족을 극복할 수 있을 거예요. 저는 지난 2년 동안 은자무조 박사가 운영하는 학교에서 그 방법을 공부했어요."

"오커우, 네 노력은 알겠지만, 네가 말한 방식은 믿음이 가지 않아."

"그래, 오커우, 나도 조금 더 지켜본 후에 도울 수 있겠구나. 미안하다."

사람들은 실망한 표정을 지으며 집으로 돌아갔어요. 오커우는 힘없이 사람들이 돌아간 자리를 치웠답니다. 그때 누군가 오커우 옆으로 다가와 손을 내밀었어요.

"오커우, 난 네가 하려는 일에 관심이 생겼어. 함께하자."

오커우에게 다가온 건, 어릴 적 친구였어요. 친구 한 명이 오커우에게 악수를 청하는 사이, 한 명의 친구가 더 찾아왔죠. 셋은 당장 할 수 있는 것부터 시작하자며 모여 앉았어요. 앞으로 진행할 일들을 의논하며 계획을 세웠죠. 가장 먼저 시작한 일은 가뭄에 대비할 수 있는 우물 찾기였어요.

"벌써 여섯 곳을 팠는데, 우물을 찾지 못했어. 이러다 실패하면 어쩌지?"

"그래도 포기할 수는 없지. 조금 쉬었다가 다시 찾아보자."

뜨거운 태양 아래, 우물을 찾기란 쉬운 일이 아니었어요. 조금만 움직여도 주르륵 땀이 흐르고, 주저앉고 싶은 순간도 찾아왔어요. 오커우와 친구들은 더위도 식히고 잠시 쉬자며 나무 그늘에 누웠어요. 쓰고 있던 모자를 얼굴에 덮으니 스르르 눈이 감겼죠.

그렇게 얼마나 잤을까요? 곤히 잠들었던 오커우의 눈꺼풀 사이로 햇빛이 비추어졌어요. 오커우가 얼굴에 덮었던 모자를 누군가 치운 거예요. 잠이 덜 깨 게슴츠레 눈을 뜨던 오커우는 제 앞에 있는 남자를 보고는 곧바로 몸을 일으켰어요.

"어? 선생님, 정말 오셨네요?"

"그럼, 내가 너의 농사를 돕는다고 하지 않았니?"

오커우 앞에 서 있던 남자는 지난 2년 농사의 다양한 기술을 가르쳐 주셨던 우쿠아니 선생님이었어요. 오커우는 여전히 단잠에 빠져 있는 친구들을 깨웠어요.

"얘들아, 어서 일어나. 나에게 지난 2년 동안 농사 방법을 알려 주신 선생님이셔."

친구들은 잠이 덜 깬 눈을 급히 비비며 선생님께 인사했어요.

"아직 우물을 찾지 못한 게로구나. 내가 몇 곳을 봐 두었으니, 날이 저

물기 전에 함께 가 보자꾸나."

　오커우와 친구들, 그리고 선생님은 농장 곳곳을 다니며 우물이 있을 만한 곳을 찾았어요.

　선생님은 몇 곳을 두드리고 살피더니 파 보자고 하셨어요. 그리고 몇 차례 실패 끝에 땅 밑으로 물이 고여 있는 있는 곳을 찾았어요. 우물을 발견한 거예요.

"와! 물이다, 물. 이런 곳에 우물이 있을 줄은 정말 몰랐어. 이런 것도 모르고 비가 오기만을 기다렸다니……."

오커우와 친구들은 서로를 보며 뛸 듯이 기뻐하고는 선생님을 오커우네 집으로 안내했어요. 다음으로 계획했던 일을 진행하기 위해서였죠. 선생님은 집에 도착하자마자 마당 한편에 마련된 가축우리를 보고는 오커우를 칭찬하며 몇 가지를 당부하셨어요.

"준비를 잘해 두었구나. 늘 얘기했지만, 화학 비료는 땅을 병들게 한다는 점을 절대 잊지 말거라. 가축들의 똥을 비료로 사용하면 땅은 기름지게 되고, 기름진 땅에서는 계속해서 건강한 농산물을 생산할 수 있어."

선생님의 말에 오커우의 친구들은 무언가 알았다는 듯 고개를 끄덕이며 말했어요.

"오커우가 마을에 돌아와 했던 일이 가축우리를 만든 거였어요. 왜 그랬는지 이제 알 것 같아요."

"이제 준비는 모두 마친 것 같으니 농사짓기를 시작해 볼까요?"

힘차게 포부를 밝히는 오커우의 말이 끝나자, 기다렸다는 듯 이브나가 오빠를 부르며 뛰어왔어요.

"오빠, 나도 오늘부터 오빠 일 도울 거야. 쿠조도 돕고 싶다고 해서 데려왔어."

오커우를 찾은 건, 동생 이브나와 옆집에 사는 이브나의 친구 쿠조였죠. 오커우는 어린 동생들이 못 미더운 듯 망설였지만, 금세 미소로 화답하며 가축들의 먹이를 손에 쥐어 주었어요. 우쿠아니 선생님도 웃으며 말씀하셨죠.

"그래, 너희들은 오늘부터 가축들에게 먹이 주는 일을 담당하렴. 잘할 수 있지?"

"네, 우리도 이제 열한 살이에요. 가축 먹이 주기는 식은 죽 먹기예요."

쿠조와 이브나는 신이 나서 일을 도왔어요. 어른들보다는 느리지만, 오커우가 시키는 일을 부지런히 도왔답니다.

가뭄을 극복하고 마을 사람들의 삶도 달라졌어요

오커우가 마을에 돌아와 농사를 시작한 것도 어느덧 한 해를 지나고 있었어요. 일을 돕겠다며 오커우를 찾는 마을 사람들도 꾸준히 늘어나고 있었죠.

"어린 너희들이 고생하는데 보고만 있을 수 없지. 늦게 와서 미안하구나."

"그래, 우리에게도 할 일을 나누어 주렴. 뭐든지 할 수 있어."

마을 사람들이 나서기 시작하면서 눈에 띄는 변화가 나타났어요. 몇 달 만에 쓸모없을 것 같던 회색 땅이 녹색 작물들로 가득 차게 되었어요. 그리고 충분한 양은 아니지만 쌀이며, 채소 같은 농작물의 수확량도 꾸준히 늘어났어요.

농작물 생산량이 증가하면서 마을에서는 더 많은 사람들의 도움이 필

요했답니다. 농사짓기는 물론, 가축 돌보기, 농기계 수리처럼 다양한 분야에 여러 사람들의 일손이 필요했던 거예요. 사람들은 적극적으로 마을 일에 참여했고, 자연스럽게 마을 사람들의 일자리도 늘어나게 되었어요. 마을 사람들의 다양한 의견을 모아 또 다른 사업도 준비하게 되었답니다.

"이제는 우리가 먹을 식량보다 더 많은 농작물을 생산하게 되었어요. 우리 마을 농산물을 찾는 사람들도 많아졌고요. 이제 이것들을 적극적으로 팔고, 과일 잼과 주스로도 만들어 판매해 봅시다."

"잼과 주스 만드는 일은 마리 아주머니 솜씨가 필요하겠어."

"우리 마을 과일 맛이 일품인데, 너무 인기 많으면 어쩌지?"

마을 사람들은 농담 섞인 말을 주고받으며, 아이디어를 모았어요. 이 모든 게 오커우와 친구들 덕분이라며 고마워했어요. 또 함께 도운 이브나와 쿠조에게도 칭찬을 아끼지 않았죠.

가뭄으로 굶주림에 시달려야 했던 시간, 처음 농사를 시작했던 시간의 힘겨움은 이제 과거의 일이 되었어요. 마을 사람들은 이제야 희망이 무엇인지 알게 되었다며 함께 기뻐했답니다.

가뭄과 식량 부족

1980년대 초, 아프리카에 발생한 큰 가뭄

지구촌 곳곳에는 굶주림에 시달리는 사람들이 많아. 끊임없는 전쟁과 가뭄, 홍수 같은 자연재해로 사람들이 집이나 일자리를 잃고, 물과 식량도 부족해지기 때문이야. 특히 아프리카 대륙에는 가뭄이 계속되는 나라가 많아. 산업이 발달하지 않은 아프리카에는 농업 인구가 많아서 그 피해도 크게 나타나거든. 물 부족으로 위생 환경은 나빠지고 각종 질병도 빠르게 확산되지.

1980년대 초, TV와 신문에는 아프리카 전역에 닥친 큰 가뭄과 이로 인한 식량 부족에 대한 소식이 연일 보도되고 있었어. 강과 나무는 말라붙었고, 오랜 굶주림에 뼈만 앙상하게 남은 아이들, 깡마른 몸에 배만 부풀어 오른 아이들

의 모습이 국제 언론을 가득 채웠어. 수많은 사람들이 집과 농토를 버리고 유랑 생활을 하거나 목숨을 잃기도 했지.

전 세계적인 관심에 여러 구호 단체에서 아프리카에 식량과 구호 물품을 보냈지만, 그것만으로 아프리카에 닥친 식량 부족을 근본적으로 해결할 수는 없었어. 구호 물품으로 당장의 굶주림은 해결할 수 있지만, 아프리카의 가뭄과 식량 부족 상황은 계속해서 나타났기 때문이야.

➕ 지식플러스

아프리카 사헬 지역, 극심한 가뭄이 반복되고 있어요

 세계에서 가장 분쟁이 많고, 가뭄으로 지속적인 식량 부족 현상을 겪는 지역은 어느 곳일까요? 아프리카 사하라 사막 남쪽에 자리한 세네갈, 모니타리, 말리, 니제르, 차드 등의 나라들이에요. 동서로 띠처럼 자리한 이 나라들은 오래전부터 반복되는 가뭄으로 굶주림에 시달려야 했어요. 최근에는 기후 변화로 사하라 사막의 남쪽 지역은 가뭄이 더욱 심해지고, 숲과 나무가 자라지 못한 채 사막화 현상이 더욱 확장되고 있답니다.

가뭄과 굶주림을 이겨낸 농법

> 35년의 끈기와 노력, 모두가 함께 이룬 농업 시스템

1980년대 초, 아프리카 전 지역에는 극심한 가뭄으로 흉년이 들어 많은 사람들이 굶주리게 되었어. 당시 신부이자 미국의 캘리포니아 대학교수로 활동하던 고드프리 은자무조 박사는 아프리카에서 연이어 들리는 이런 슬픈 소식에 누구보다 마음 아파했지.

은자무조 박사는 교수직을 내려놓고, 자신이 태어나고 자란 나이지리아로 떠났어. 직접 농사를 지어 보기 위해서였지. 하지만 좋은 땅을 찾는 일은 쉽지 않았어. 박사는 어쩔 수 없이 이웃 나라 베냉 정부에 도움을 요청했어. 그렇게 구한 4000제곱미터의 땅에서 자신만의 농법으로 농사를 시작했지. 농장의 이

름은 15~16세기 서아프리카를 지배했던 송가이 제국의 이름을 딴 '송가이 농장'으로 불렀어. 농법을 직접 개발하고, 오랜 굶주림에 지친 사람들을 위로하며, 농사짓는 방법도 가르쳤어. 반드시 지켜야 할 규칙을 만들고 정착시키기도 했지.

처음에는 반신반의하며 지켜보던 사람들도 은자무조의 노력에 마음을 열기 시작했어. 적극적으로 농장 일을 돕기 시작했던 거야. 여러 사람들이 농장 운영에 참여하면서 성과도 나타나기 시작했어. 쓸모없이 버려졌던 땅에 농작물이 자라고 굶주림을 해결할 수 있었어.

지식플러스

송가이 농장은 어떤 곳일까요?

은자무조 박사가 만든 송가이 농장은 베냉의 수도 포르토노보 지역에 세워졌어요. 농업 기업가 정신과 지속 가능한 농업을 연구하며 농업을 배우려는 학생들을 위해 교육 농장의 역할도 함께 하고 있죠. 송가이 농장에서는 어떤 것도 그냥 버려지지 않아요. 가축의 배설물을 활용해 바이오가스를 만들고, 그렇게 만들어진 에너지는 전기와 가스를 생산해요. 물고기를 먹이기 위한 구더기도, 잡초를 줄이는 비료도 직접 생산하지요. 농장에서 생산된 농작물로 비누와 주스, 잼, 시럽 같은 친환경 제품을 만들어 판매하고, 벽돌로 지어진 숙소와 레스토랑을 운영해 수익을 올리고 있어요. 이렇게 만들어진 수익은 친환경 농장 운영과 교육을 위해 다시 활용된답니다. 지속 가능한 농업이 실현되고 있는 거예요.

환경 보호와 굶주림을 극복하는 열쇠, '제로 웨이스트 농법'

"베냉에 와서 보니 땅이 매우 비옥하다는 것을 알게 됐어요. 가뭄이 문제가 아니라 농업 방식이 문제였어요."

미생물학 박사였던 은자무조 박사는 자신이 공부한 지식을 활용해 친환경 농법으로 농장을 운영했어. 박사는 땅이 건강해야 좋은 작물을 수확할 수 있다는 걸 알고 있었던 거지. 친환경 농법을 실천하면서 가축의 분뇨를 퇴비로 사용했기 때문에 은자무조 박사의 농법은 제로 웨이스트 농법으로 불렸어.

제로 웨이스트 농법은 과거 우리나라에서 사용했던 전통 농법과도 닮아 있어. 과거 우리의 농촌에서도 집에서 키우는 소, 돼지, 닭의 분뇨를 퇴비로 사용했거든.

미국의 CNN 방송은 제로 웨이스트 농업이 아프리카의 기아 문제를 해결하는 근본적인 열쇠가 될 것이라 보도했는데, 실제로 우간다, 잠비아, 나이지리아 같은 아프리카 국가에서 제로 웨이스트 농법을 배워 갔어.

제로 웨이스트 농법을 믿지 못하던 나라들도 관심을 갖고 은자무조 박사를 찾았던 거야. 반복되는 가뭄과 식량 부족 문제를 겪고 있었기 때문에 지속 가능한 방식의 농사법이 필요했던 거지.

농법만이 아니야. 좋은 농작물을 생산하고 그에 맞는 가격을 받는 일, 농작물을 이용해 다른 수익을 얻는 일처럼 농업을 산업으로 키우는 교육도 함께 배워 갔어.

+ 지식플러스

친환경 농법은 왜 중요할까요?

　인구가 늘어나면서 식량 부족 문제는 전 세계인이 함께 풀어 가야 할 숙제가 되었어요. 해결책을 찾던 사람들은 식량을 늘릴 방법 중 하나로 화학 비료와 농약을 사용했어요. 화학 비료로 땅에 영양분을 주고 농약으로 해충을 없애니 생산량은 늘어났지요. 하지만 언젠가부터 땅은 병들기 시작했어요. 마구 뿌려지던 화학 비료와 농약 때문에 해로운 미생물만 살고, 유익한 미생물은 살 수 없는 산성의 땅으로 변해 갔던 거예요. 사람들은 다시 고민을 시작했고 해결책을 찾았어요. 그 방법은 '땅이 좋아하는 친환경 농법을 활용하자.'였어요. 땅에 화학 비료 대신 가축 배설물과 음식물 쓰레기, 톱밥 등을 섞어 퇴비를 만들어 사용하고, 농약 대신 해충이 싫어하는 마늘, 고춧가루 같은 것을 섞어 만든 유기농 농약을 사용하는 것이었어요. 지렁이, 오리, 우렁이 같은 동물들을 논에 풀어 두는 것도 친환경 농법 중 하나예요. 제초제를 사용하지 않고 논에 있는 잡초를 제거하는 방법이지요. 동물들은 논에서 잡초를 제거하고, 지렁이들은 흙 속을 다니면서 땅이 숨 쉴 수 있는 공간을 만들어 줘요. 이 모든 과정들은 땅을 더욱 건강하게 만들고, 그런 땅에서 키워진 농작물은 땅의 영양분을 듬뿍 먹고 자라 우리 식탁에 오르게 되지요.

젊은 농부들에게 제공된 일자리와 교육

송가이 농장의 프로젝트가 시작되면서 농장 운영에 참여한 젊은 농부들은 일자리를 얻게 되었어. 그들은 작물을 수확하고, 동물들을 돌보고, 퇴비를 주는 작업을 감독하거나 닭의 배설물이 연료로 바뀌는 바이오가스 촉진제를 공급했지.

젊은 농부들 중에는 교육받기를 희망하는 사람들도 많았어. 농사 방법을 배운 뒤 자신의 마을로 돌아가 농사를 짓기 위해서였지. 교육 희망자는 약 18개월 동안 진행되는 교육 과정을 통해 농업의 이론과 실용적 지식을 쌓고 졸업해. 여기서 중요한 건, 교육비가 무료라는 점이야. 돈이 없어도, 배우려는 열정만 있다면 효율적인 농사짓기를 배우고 활용할 수 있었던 거야.

교육을 마친 젊은 농부들이 자신의 마을로 돌아가면, 송가이 농장에서는 그 마을을 직접 찾아가기도 했어. 젊은 농부들이 스스로 농사를 잘 지을 수 있을 때까지 도움을 주기 위해서 말이야.

농장 운영 방식의 공유

> 아프리카 여러 나라가 '송가이 농장'에 관심을 가졌어요

은자무조 박사의 농법이 알려지면서 아프리카 대륙 곳곳, 다양한 마을의 사람들이 송가이 농장을 찾아 농법을 배워 갔어. 농법뿐만 아니라 송가이 농장의 운영 방식 또한 서아프리카와 중앙아프리카의 여러 나라로 확장되어 운영되었지.

여전히 아프리카에서는 굶주림, 환경 악화와 실업 문제가 사회 문제로 벌어지고 있어. 그런 점에서 송가이 농장은 지속 가능한 농업 시스템으로 꾸준히 주목받고 있다고 해.

교과서 속 공동체 키워드

 # 제로 웨이스트 쓰레기 제로라는 뜻으로, 쓰레기 배출량을 최대한 줄이려는 사회적 환경 운동이에요.

 # 국제 구호 단체 자연재해나 전쟁처럼 어려움에 처한 사람들을 돕기 위해 만들어진 단체로, UN(국제기구), NGO(비영리단체)가 대표적이에요.

 # 친환경 지구 환경을 오염시키거나 파괴하지 않고 자연 그대로의 환경과 어울리는 것을 말해요.

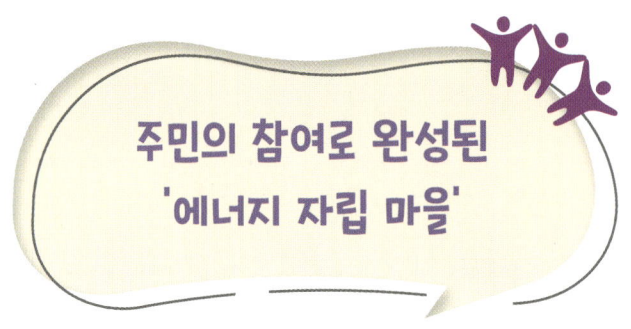

주민의 참여로 완성된 '에너지 자립 마을'

청년들이 마을을 떠났어요

"다녀왔습니다."

루카스는 힘찬 목소리로 현관문을 열었어요. 학교 수업이 일찍 끝난 덕분에 친구들과 축구 시합을 할 수 있었기 때문이죠. 하지만 문을 열자 전해지는 집안 분위기에 루카스는 목소리를 낮추었어요. 거실에는 아빠와 엄마, 형 벤이 대화를 나누는 중이었죠.

"한 달 뒤면 도시로 떠나는구나. 준비는 잘 되어 가니?"

"엄마는 네가 꼭 가족을 떠나야 하는지 모르겠구나."

아빠는 담담하게 말씀하셨지만, 엄마는 아쉬우신 듯했어요.

"저도 이곳에 남고 싶지만, 마을은 점점 낙후되고, 일자리도 없어요."

벤의 말을 들은 엄마는 더 이상 아무 말도 하지 못했죠.

벤과 루카스가 사는 다르데스하임은 지금의 독일이 서독과 동독으로 분단되어 있던 당시, 동독의 작센주에 속했던 마을이에요. 서독과 동독이 통일된 후 청년들은 일자리가 많은 도시로 떠났죠. 작센주의 많은 공장들이 문을 닫고 일자리가 부족했기 때문이에요. 청년들이 도시로 떠나면서, 다르데스하임에는 마을 일을 도울 청년들이 부족해졌죠.

그런데 잠시 후, 아빠가 깜빡 잊은 것이 있다며 말을 꺼내셨어요.

"벤, 도시로 가기 전까지 고모부 일을 돕는 건 어떻겠니?"

"고모부 일을요? 어떤 일인데요?"

"마을에 풍력 에너지 시설을 만든다더구나. 기술자들 밑에서 심부름을 하면 된다는데, 마침 루카스도 방학이니 함께 다니려무나."

형은 잠시 망설이는 듯하다가 숨을 한번 들이쉬더니, 루카스를 보며 대답했어요.

"네, 루카스도 함께 데리고 다닐게요."

"신난다. 형이 일하는 동안 나는 사촌 누나들하고 놀아야지."

벤은 도시로 떠나기 전, 루카스와 함께 고모네 집을 오가며 일을 돕기로 했답니다.

바람 에너지에서 희망을 찾았어요

초록 농작물이 가득한 길을 지나자, 빨간 지붕 집들이 보이기 시작했어요. 고모네 집은 길 끝에 있었죠. 그런데 무슨 일일까요? 집과 가까워질수록 웅성거리는 소리가 커졌어요.

루카스는 궁금한 마음으로 한달음에 고모네 집으로 들어갔죠. 뒤이어 따라온 벤은 집 안으로 들어가는 루카스를 잡아끌었어요. 벤은 잠시 기다리자며 루카스와 거실 끝에 앉았죠.

거실에 둘러 앉은 주민들은 궁금한 것이 많은 듯 질문을 이어 갔어요.

"우리 마을에서 풍력 에너지를 직접 생산하고 쓴다는 건가요?"

"땅 주인이 돈을 받을 수 있다는데, 무슨 말인가요?

주민들의 질문이 마무리되자, 고모부가 답을 하기 시작했어요.

"맞습니다. 우리가 쓸 에너지를 직접 생산하는 거예요. 바람을 이용하는 풍력 에너지 시설을 설치하면 된답니다. 그렇게 되면 전기세로 지출되던 돈을 절약할 수 있어요."

다양한 질문을 쏟아 내며 이것저것 체크하던 안나 아주머니는 상황을 이해한 듯 한마디로 정리했어요.

"그러니까 대형 바람개비를 닮은 풍력 에너지 시설을 마을에 설치하면 우리가 쓸 에너지가 생산된다는 말이죠? 그 시설을 설치할 땅이 필요하고, 돈도 필요하고요?"

"네, 맞습니다. 정확하게 설명하셨어요."

고모부는 안나 아주머니의 답변에 맞다며 수 차례 고개를 끄덕였어요.

에너지 생산을 직접 한다는 것이 무슨 말인지, 벤은 궁금해지기 시작했어요. 자신과 루카스가 왔다는 것도 알릴 겸, 벤은 손을 번쩍 들고 질문

했지요.

"저도 궁금한 것이 있습니다. 땅 주인에게 지급하는 돈은 어떻게 만들어지나요?"

고모부는 질문을 듣고 나서야 벤을 알아보신 듯, 활짝 웃으며 대답했어요.

"좋은 질문입니다. 풍력 에너지 시설은 대형 바람개비처럼 생긴 터빈입니다. 이 시설을 만드는 데 필요한 돈과 땅 주인에게 지급되는 돈은 지방 정부에서 일부 지원되고, 일부는 우리 마을 주민들이 내며, 나머지는 은행 대출을 받아 사용할 겁니다."

몇몇 마을 주민들은 이해가 된 듯 고개를 끄덕였고, 누군가는 여전히 모르겠다는 듯 고개를 갸웃거렸어요. 고모부는 주민들이 궁금해할 만한 부분에 대해 덧붙여 말했어요.

"중요한 것은 마을에서 생산한 전기가 우리가 쓰고도 남을 정도가 되면 다른 마을에 팔 수도 있다는 것입니다. 풍력 에너지 사업이 시작되면 일자리도 만들어질 거고요."

고모부의 말이 끝나자 주민 한 사람이 탁자를 한 번 '탁' 치며 큰 소리로 말했어요.

"이제 이해했습니다. 저는 찬성입니다."

확신에 찬 듯 찬성 의견을 낸 주민은 톰 아저씨였어요. 찬성 의견이 나오자 조용했던 다른 주민 몇몇도 기다렸다는 듯 같은 의견을 내놓았죠. 하지만 모두가 찬성한 것은 아니었어요. 마을 주민들은 다음에 다시 논의하기로 하고 회의를 마쳤어요. 주민들이 모두 돌아가고, 그제야 벤과 루카스는 고모네 가족들과 한자리에 모일 수 있었죠.

"너희도 들었겠지만, 우리 마을에서는 풍력 에너지를 직접 만들어 쓰려고 한단다. 벤이 기술자들도 돕고, 마을의 다른 일들도 도와주면 좋겠구나."

"그런데 왜 풍력 에너지를 직접 만들어 쓰려는 거예요?"

"먼저 에너지 비용을 절약하기 위해서지. 우리가 만들어 쓰면 전기 회사에 에너지 비용을 내지 않아도 되니까 말이다. 더불어 풍력 에너지 사업을 하면 일자리도 생기고, 여러모로 마을을 살릴 수 있다고 생각하고 있단다."

고모부는 넉넉하지는 않지만 일한 만큼 보수도 챙겨 주겠다 약속하셨어요. 어떤 일인지 정확히 알 수는 없었지만, 벤은 왠지 모를 기대감도 생겼어요.

"저도 도울 거예요."

옆에 있던 루카스가 대답하자, 사촌들도 웃으며 고개를 끄덕였죠.

그날 이후, 마을 주민들은 한자리에 모이는 날이 많아졌어요. 톰 아저씨는 풍력 에너지 정보를 알리자며 뉴스레터 제작을 제안했죠.

"아직 풍력 에너지에 대해 모르는 분들이 있습니다. 뉴스레터에 내용을 담아 알리도록 합시다. 앞으로 생산될 에너지량과 그에 따른 수익금 정보도 공개하고요."

　벤은 낮에는 기술자들을 돕고, 저녁이면 뉴스레터 만드는 일을 도왔어요. 이따금씩 벤의 부모님도 함께 도와주셨죠. 뉴스레터를 마을 사람들에게 전달하는 일은 루카스와 사촌 누나들이 도맡았어요. 본격적인 풍력 에너지 사업이 시작된 거예요.

그런데 톰 아저씨의 제안이 효과가 있던 걸까요? 풍력 에너지 사업을 이해하는 주민들이 많아지고, 사업을 찬성하는 주민들이 늘어나기 시작했어요. 드디어 마을 주민 대부분 찬성 의견이 많아지면서 풍력 에너지 시설의 설치 작업도 빠르게 진행되었죠.

풍력 에너지는 세 개의 대형 날개가 돌아가며 에너지를 생산하게 돼요. 시설의 크기에 따라, 바람이 얼마나 많이 부느냐에 따라 에너지 생산량도 달라져요. 바람이 많이 부는 좋은 자리에 대형 시설을 설치하려면 많은 시간이 필요했어요. 기술자들과 벤은 풍력 시설을 조립하고 점검하기에 바빴죠.

"벤, 이걸 여기에 끼우고 맞추는 것을 도와주렴."

"이 날개가 돌아가면서 에너지가 생산되는 건가요?"

"그렇지. 그렇게 생산된 에너지를 우리가 전기 에너지로 쓰게 되는 거란다."

벤은 일을 할수록 풍력 에너지 생산이 신기했어요. 그만큼 궁금한 점도 많아졌죠. 그때마다 기술자들에게 물어보고, 기술자들은 그런 벤이 기특한 듯 친절하게 알려 줬어요. 야무진 눈썰미로 기술자들이 알려 준 기술도 금세 익혔죠. 기술자들은 그런 벤을 칭찬하며 계속 일해 보라고 제안하기도 했어요.

'도시로 간다고 뾰족한 수가 있을까? 정말 마을에 남아 일을 해 볼까?'

기술자의 말을 듣자 벤의 마음이 흔들렸어요. 고민 끝에 벤은 결심한 듯 부모님께 말했어요.

"신중히 생각한 거니?"

"정말이니, 벤? 네가 떠나지 않는다니, 엄마는 너무 기쁘구나."

"네, 기술자들을 돕는 일이 저에게 잘 맞고, 마을의 에너지를 만드는 일도 보람 있을 것 같아요. 또 풍력 에너지는 환경 오염도 줄일 수 있다고 하니 더 의미 있는 일이기도 하고요."

벤은 풍력 에너지 사업의 장점을 파악하고 일을 더 배우고 싶었던 거예요. 형의 말을 듣던 루카스도 거들 듯 말했죠.

"기술자 아저씨들이 형을 칭찬하고 많이 알려 줘요. 그래서 얼마 전부터 형 친구 해리 형과 케빈 형도 함께 일하고 있어요."

"루카스 말이 맞아요. 제 친구들도 도시로 떠나지 않고, 에너지 일을 돕겠다며 마을에 남았어요. 그래서 작업도 빠르게 진행되고 있어요. 곧 우리 마을에서 에너지를 생산할 수 있을 거예요."

"그래, 벤, 아빠도 기쁘단다. 열심히 배우고, 네 역할에도 충실하거라."

부모님은 벤의 어깨를 두드리며 미소 지으셨어요. 루카스도 그런 형을 응원했답니다.

에너지 자립 마을이 완성되었어요

벤과 기술자들은 그동안 조립하고 점검한 풍력 시설을 확인했어요. 에너지 생산을 위한 첫 작업을 시작하는 날이거든요. 벤과 친구인 해리, 케빈은 들뜬 표정으로 서로를 보며 말했어요.

"이제 마을에서 에너지가 생산되는 거야?"

"와, 정말 신기하고 기대돼."

풍력 시설의 점검 준비를 마친 기술자들은 신기해하는 벤과 친구들을 보며 말했어요.

"기대되지? 우리도 그렇단다. 자, 이제 이 시설들을 설치할 곳으로 가자꾸나."

풍력 에너지 시설을 설치하는 데는 꽤 오랜 시간이 걸렸어요. 마을 주민들은 한마음으로 풍력 에너지 시설이 설치되는 순간을 기다렸죠. 어느덧 설치가 마무리되고 터빈이 돌아가는 것을 확인하는 순간, 여기저기서

환호성이 터졌어요.

"저것 봐요. 날개가 돌아가요."

"맞아요. 에너지가 생산되기 시작했어요. 우리가 에너지를 직접 만들었다고요."

마을 주민들은 여기저기서 박수를 치며 좋아했어요.

그리고 한 달 후, 새로 발간된 뉴스레터에는 마을에서 진행될 축제 소식도 실렸어요. 고모부는 내용이 잘 실렸는지 확인해 보자며 벤과 루카스에게 뉴스레터를 건넸어요.

"앞으로 꾸준히 마을 축제를 진행할 거란다. 우리 마을의 에너지 사업도 알리고 이웃 마을 주민들과 즐거운 시간을 갖는 거지."

축제를 앞둔 다르데스하임은 매일이 분주했어요. 주민들은 축제에 사용할 음악을 준비하고, 어떤 음식을 준비해야 하는지 상의했죠.

그리고 축제 당일, 다르데스하임에는 인근 마을 주민들이 초대되었어요. 주민들은 이웃들을 반기며 즐거운 시간을 가졌죠. 그러던 중, 마을의 홍보를 맡은 나루프 씨가 단상에 올라 말했어요.

"다르데스하임 축제를 찾아주신 모든 분을 환영합니다. 다르데스하임은 주민들의 꾸준한 노력으로 에너지 자립 마을이 되었습니다. 우리는 마을 일을 진행하며 많은 것을 배우고 자신도 생겼습니다. 앞으로도 에너지 마을로 더욱 성장할 것입니다."

벤은 자신의 결정에 뿌듯했어요. 시간이 지날수록 마을의 에너지 생산량도 증가했어요. 주민 모두가 사용하고, 이웃 마을에 팔 수 있을 만큼 충분한 양이었죠.

그 후 다르데스하임에서는 다른 방식의 신재생 에너지 사업도 함께 추진되었고, 진정한 에너지 자립 마을로 성장해 갔답니다.

오랜 분단과 청년 일자리

> **일자리를 찾아 도시로 떠난 동독의 청년들**

과거의 독일은 동독과 서독으로 분단되어 있었어. 우리나라가 남한과 북한으로 분단되어 있는 것처럼 공산주의 체제의 동독과 자본주의 체제의 서독으로 갈라져 있었지.

동독과 서독이 통일된 건 1990년이야. 1989년, 분단의 상징이던 베를린 장벽이 무너지고 1년 만에 통일이 되었던 거야. 하지만 오랜 시간 분단되어 있던 탓일까? 통일 후 해결해야 할 사회적 문제들이 나타나기 시작했어. 대표적인 것은 서독과 동독의 임금 차이였지. 경제 발전을 이룬 서독의 임금은 동독보다 비쌌어.

　특히 동독과 서독의 접경 지역에 있던 청년들은 통일 후 서독의 도시로 일자리를 찾아 떠나는 일이 많아졌어. 임금을 많이 받을 수 있고 일자리가 많은 서독의 도시로 떠났던 거야.

　독일의 작센주 다르데스하임도 과거 동독과 서독의 접경 지역 중 한 곳이었어. 소규모 수공업이나 기업들이 많았던 지역이었지. 하지만 청년들이 도시로 떠나면서 접경 지역에 있던 기업들은 자연스럽게 문을 닫는 경우가 많아지고, 도시는 점점 활력을 잃어 갔어.

분단의 상징, 베를린 장벽

독일의 항복으로 제2차 세계대전이 끝났을 때, 미국, 영국, 프랑스의 서방 연합국과 소련은 독일을 어떻게 할지 논의하게 되었어요. 이 과정에서 독일의 중심 도시 베를린을 두고 서방 연합국과 소련의 다툼이 시작되었지요. 서방 연합국이 서베를린을 서독에 통합하려 하자 소련은 생필품 공급을 중단해 버렸어요. 이때 서방 연합국은 서베를린에 비행기를 통해 생필품을 공급했어요. 서베를린은 이때부터 서방 연합국에 의지했어요. 결국 서방 연합국과 소련의 베를린 쟁탈전으로 동독과 서독으로 분단되었어요. 하지만 서독이 경제 발전을 이루자 동독에서 서독으로 탈출하는 사람들이 늘어났어요. 이를 막기 위해 동독과 서독을 나누던 철조망은 단단한 벽으로 바뀌게 되었지요. 냉전 시대와 분단의 상징, '베를린 장벽'이 세워진 거예요. 하지만 서독으로 가려는 동독 사람들은 계속 증가했어요. 급기야 1989년에는 베를린 장벽을 부수기까지 했어요. 서독 사람들도 이런 움직임에 함께했지요. 그렇게 베를린 장벽이 무너지고, 1년 뒤인 1990년 동독과 서독은 통일이 되었지요.

에너지 자립과 일자리 창출

> **주민들의 참여로 에너지 자립을 이루었어요**

다르데스하임이 에너지 자립 마을로 성공한 큰 이유는 '주민 참여'였어.

풍력 에너지 사업은 바람개비를 닮은 대형 터빈 설치로 시작되는데, 이를 위해 다르데스하임 주민들은 직접 '에너콘'이라는 회사를 설립했어. 터빈을 설치할 땅, 그리고 주변 땅 주인에게 이용료를 지불하기 위해서였지.

물론 처음에는 주민과 지방 정부가 일부 비용을 마련하고 부족한 비용은 은행 대출금을 사용했어. 그러다가 에너지 생산량이 늘어나면서 수익이 생기기 시작했어. 에너지를 만들어 쓰는 것은 물론, 추가 수익까지 생기게 된 거야. 이 수익으로 땅 주인에게 비용을 지불하고, 마을의 여러 시설에 투자도 했어. 마을 주민 모두에게 혜택이 돌아가기 시작한 거야.

이런 과정들은 한 달에 한 번 발행하는 뉴스레터를 통해 주민에게 알렸어. 마을에서 생산된 에너지량과 전력 생산으로 만들어진 수익금 같은 것들을 꾸준히 기록하고 주민들에게 공개했던 거야. 주민들은 전기가 어떻게 생산되고 쓰이는지 직접 보고 체험하면서 마을의 에너지 사업에 더욱 적극적으로 참여했어. 시간이 지나면서 주민들이 쓰고도 남을 만큼 에너지 생산량은 크게 늘었어. 남는 에너지는 이웃 마을에 팔았고, 그 수익금은 다시 마을 주민들에게 돌아갔지.

이뿐만이 아니야. 다르데스하임에서는 매년 에너지 축제를 열었는데, 수백 명의 사람들이 음악 연주회와 음식을 마련해 파티를 열었어. 에너지 생산으로 마련된 수익금으로 오케스트라와 밴드도 결성했지. 모두가 다르데스하임 주민들을 위해 쓰인 거야.

➕ 지식플러스

태양광, 풍력, 바이오가스? 신재생 에너지는 무엇일까?

우리가 전기를 사용하기 위해서는 에너지가 필요해요. 오랜 시간 석유나 석탄 같은 자원을 활용해 생산했지요. 하지만 자원이 고갈되고 환경이 오염되면서 재생 에너지를 사용해야 한다는 목소리가 높아졌어요. 재생 에너지는 자원 고갈이나 환경 오염을 염려하지 않아도 되거든요. 태양광, 풍력, 바이오가스 같은 에너지가 대표적인 재생 에너지예요. 재생 에너지 중에는 태양열을 이용해 생산되는 태양광 에너지의 양이 가장 많아요. 해 뜨는 시간이 길고, 맑은 날이 많은 지역에 설치하는 것이 좋아요. 바람의 힘을 이용하는 풍력 에너지는 바람이 많이 부는 해안이나 섬, 고원 지역에 설치하는 것이 유리해요. 그 밖의 재생 에너지로는 동식물에서 얻는 바이오가스 에너지가 있고, 지하수나 지하의 열을 이용하는 지열 에너지, 밀물과 썰물을 이용하는 해양 에너지도 있어요.

다양한 일자리가 만들어졌어요

풍력 에너지 생산이 시작되면서 다르데스하임에는 다양한 일자리가 만들어졌어. 풍력 발전 시설을 만들기 위한 기술자는 물론, 모터와 날개 같은 대형 시설을 운송할 사람들도 필요했지. 풍력 에너지 사업이 성공하면서 다르데스하임에서는 태양광, 바이오가스 등 다양한 재생 에너지 사업을 진행했는데, 그에 따른 일자리도 꾸준히 만들어졌어.

다르데스하임에서는 재생 에너지 사업을 홍보할 사람들도 필요했어. 친환경적 가치는 물론 경제적 수익을 올릴 수 있다는 것을 알리는 사람들 말이야. 마을의 에너지 자립이 성공하면서 주변 마을, 심지어는 다른 나라에서도 관심을 갖기 시작했거든.

다르데스하임 주민들은 '재생 가능 에너지 정보 센터'를 직접 만들어 자신들이 체험한 마을 이야기를 전 세계에 전달했어. 자신들의 경험이 매우 자랑스러웠고, 일하는 것도 즐거웠기 때문이지.

재생 에너지 시설은 환경을 위한 것만이 아니라, 경제적으로도 충분한 역할을 할 수 있다는 것을 보여 준 거야. 일자리가 생기고 지역 주민이 돈을 벌 수 있게 되면서 지역 경제 활성화에도 도움이 되었어.

신재생 에너지 지원 정책과 지방 정부의 도움이 있었어요

다르데스하임의 풍력, 태양광, 바이오가스 에너지 생산 시설 중에는 마을 주민 개인이 소유한 것도 있고, 마을 공동체가 소유한 것도 있어. 신재생 에너지 생산에 마을 주민이 참여할 수 있도록 제도를 만들었기 때문이야. 석탄과 석유의 자원 고갈과 환경 문제가 높아지면서 정부가 신재생 에너지 정책을 만들었던 거지.

풍력 발전에 대한 지방 정부의 정책 중에는 경제적 지원도 있었어. 마을 주민들의 힘만으로는 에너지 자립에 필요한 돈을 마련할 수 없기 때문이야. 초기 투자비는 주민들이 사업 자금으로 모은 돈 20%와 지방 정부가 20%를 지원했어. 나머지는 지역 은행에서 담보대출을 받았어. 은행은 풍력 발전에 대한 중앙 정부의 지원 정책의 하나인 '발전차액지원제도'에 대한 신뢰, 그리고 향후 건설될 풍력 발전기 자체를 담보로 인정해서 돈을 빌려주었던 거야.

그렇게 시작한 사업이 성공하면서 다르데스하임 주민들은 물론 주변 지역 주민들도 사용이 가능할 만큼의 에너지 생산이 이루어졌던 거란다.

지속 가능한 에너지 자립

세계 곳곳에 생긴 '에너지 자립 마을'

다르데스하임에서 풍력 에너지 생산을 시작한 건 1993년부터야. 이후 마을에서 생산하는 에너지량은 꾸준히 증가해 2007년 약 4000명 정도가 사용할 수 있는 에너지가 만들어졌어. 다르데스하임 주민들이 1000명 정도였으니까, 남는 에너지를 이웃 마을에 팔고 수익을 올릴 수 있었던 거야.

주민들은 풍력 에너지 생산 경험을 바탕으로 태양광, 바이오가스 에너지 같은 다양한 재생 에너지 사업도 시작했어. 주변에서 볼 수 없는 최대의 바이오 연료 공장을 설립하고, 이를 위해 유채꽃밭도 만들었어.

에너지를 직접 만들어 쓰면서 환경도 지킬 수 있는 '에너지 자립 마을'은 세계 여러 나라에서 만들어졌어. 대표적으로는 오스트리아의 귀싱과 무레크 마을, 덴마크의 삼쇠도가 있고, 우리나라에서는 경남 산청의 민들레 공동체와 충남 홍성군 죽도, 강원도 홍천의 소매곡리 마을이 유명해.

교과서 속 공동체 키워드

 # 풍력 한자로 바람 '풍(風)', 힘 '력(力)' 자를 써요. 그래서 풍력 에너지는 바람의 힘(세기)을 이용한 에너지를 말하지요.

 # 에너지 자립 마을 마을 주민 스스로 에너지를 절약하고 신재생 에너지 생산에 참여하는 마을 공동체를 말해요.

제6장

마을이 함께 키우는 교육 공동체

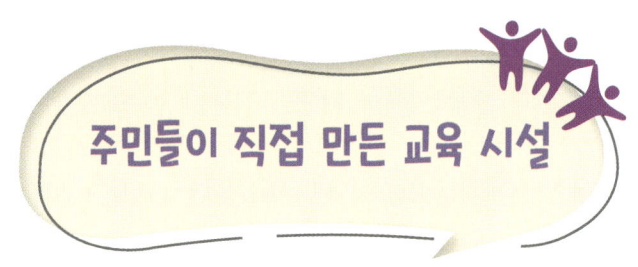

주민들이 직접 만든 교육 시설

어린이집 가기 싫어요

"뾰롱뾰롱! 일어나~. 일어나~. 뾰롱뾰롱!"

알람 시계가 요란스럽게 울려댔지만, 예진이는 모른 척 눈을 감았어요. 이미 잠은 깼지만 어린이집에 가고 싶지 않았거든요.

"예진아, 일어나야지. 어린이집 갈 시간이야."

안방에서 들리던 드라이기 소리가 멈추고 엄마의 발소리가 점점 가까이 들렸어요. 실눈을 뜨고 보니, 엄마는 이미 침대 앞에 서 있었죠. 엄마 얼굴을 보자, 예진이 눈에는 금세 눈물이 가득 고였어요.

"어린이집 가기 싫어요. 친구들은 매일 모여 놀거나 할머니가 돌봐 주시는데, 나는 저녁까지 학원 가야 하고, 동생도 챙겨야 하잖아요."

"엄마가 미안해. 할머니는 아프시고, 돌봐 주실 분을 알아봤지만 찾지 못했어. 그렇다고 너희끼리만 집에 있을 수는 없고, 학원 말고는 부탁드릴 곳이 없단다."

엄마는 예진이를 한번 꼬옥 안아 주고는 다시 안방으로 갔어요. 마음은 펑펑 울고 싶었지만, 참아야 해요. 출근 준비로 바쁜 엄마는 예진이 이야기를 길게 듣고 있을 수 없거든요.

예진이는 일곱 살이에요. 1년 전까지만 해도 엄마가 집에서 예진이와

예서를 돌봐 주었는데, 새로 일을 시작하면서 예진이와 예서는 하원 후에도 곧바로 집에 올 수 없었답니다. 엄마 아빠가 퇴근하고 집에 돌아오실 때까지 태권도와 피아노 학원까지 다녀와야 했거든요. 놀이터에서 친구들과 놀 수 있는 시간도 줄고, 예진이는 그런 사실이 늘 속상했어요. 그렇다고 엄마에게 투정만 부릴 수 없다는 것도 잘 알고 있었죠. 마음을 추스른 예진이는 말없이 등원 준비를 했답니다.

마을이 아이를 함께 키운다고요?

"이사 간 곳은 어때? 좋아?"

"어, 그동안 친정 엄마가 채린이를 돌봐 주셨는데, 계속 힘들게 해 드릴 수 없잖아. 맞벌이 부부들이 직접 만든 어린이집이 있다고 해서 무조건 이사 왔어. 근데 어린이집도 마음에 들고, 주민들도 좋아. 예진이 엄마도 생각해 봐."

엄마는 회사 동료와 통화하며 한동안 같은 이야기를 주고받았어요.

"다른 어린이집과 어떤 점이 다른 거야?"

"이곳 부모들은 내 아이, 이웃 아이 할 것 없이 함께 키운다고 생각해. 대부분 맞벌이 부부들이라 비슷한 고민을 하고, 도움을 주고받기도 좋

아. 어린이집은 부모들의 의견을 많이 반영하는데, 맞벌이 부부들을 위해 주말에도 운영하니까 한번 와서 보는 건 어때?"

"돈을 모아서 협동조합 방식으로 만들었다고 했지? 어린이집을 주민들이 직접 만든 이유도 그래서였구나? 나도 한번 찾아가 보고 이사를 할지 고민해 봐야겠어."

주말에 예진이는 엄마와 함께 채린이네가 이사 간 마을의 어린이집을 찾았어요. 마을은 서울시 마포구의 성미산이라는 작은 산 아래 있었죠. 큰길을 지나 골목으로 들어가니, 작은 푯말에 '공동육아 어린이집'이라는 문구가 눈에 들어왔어요.

엄마는 조심스럽게 문을 열고 들어갔죠. 예진이와 함께 교실 곳곳을 둘러보시던 엄마는 아이들 표정이 밝다며 예진이 귀에 속삭였어요. 시간표에는 숲 놀이, 전래놀이, 시 쓰기 같은 수업들도 있고, 아이들은 서로를 별명으로 부르기도 했어요. 예진이는 그 모습이 신기했는지, 저도 모르게 웃으며 바라보았죠. 엄마는 그런 예진이 모습에 미소 지었어요.

"꽃다지 선생님, 성미산에 언제 가요? 새들이 알을 부화했는지도 봐야 해요."

"저는 씨앗 심었어요. 새싹이 빨리 나오라고 달님에게 기도했어요."

"그래, 애들아. 성미산에 가서 아기 새도 보고, 새싹도 보고, 새로 핀 봄꽃들도 보자. 어서 준비하렴."

선생님은 엄마가 궁금해할 것을 예상하셨는지, 아이들 외출 준비를 기다리며 말했죠.

"저희 마을 뒤에 성미산 보셨죠? 아이들은 수시로 성미산에 가서 생태 학습을 해요. 아이들이 가장 좋아하는 시간이죠."

고개를 끄덕이며 듣던 엄마는 선생님과 인사를 나누고는 채린이 아줌마를 만나기 위해 약속 장소로 갔어요.

작은 사무실 같은 곳에 여러 사람들이 있었고, 채린이 엄마는 들어오라며 엄마와 예진이에게 손짓했죠. 채린이 엄마는 마을 주민 회의라며 귓속말을 했어요. 사람들은 한참 동안 이야기를 주고받았어요.

"우리 마을에 이사 오려는 분들이 많아졌어요. 어린이집도 한 곳 더 만들어야 하고, 초등학생 아이들을 위해 하교 후에 머물 방과 후 교실도 만들어야 해요."

"방과 후 교실에서도 아이들이 학습에만 얽매이지 않았으면 합니다."

채린이 엄마는 마을에 방과 후 교실도 만들어질 거라며 틈틈이 설명해 주었어요. 엄마는 말없이 주민들의 회의 모습을 지켜보더니, 채린이 엄마에게 말했죠.

"나도 결정했어. 무엇보다 예진이가 아이들 보는 모습에서 확신했어. 앞으로 학교도 가야 하는데, 방과 후 교실이 생기는 것도 좋더라."

한 달 후, 예진이네도 성미산 마을로 이사했어요. 어린이집 친구들은 예진이와 동생 예서를 반겨 주었지요. 어서 오라며 교실 곳곳을 안내해 준 친구도 있었어요.

"안녕, 난 다빈이야. 별명은 뚝딱이, 앞으로 내가 도와줄게. 친하게 지내자."

예진이에게 말을 건넨 다빈이는 지난달에 이사 왔다며 예진이의 어린이집 적응을 도왔어요.

곧바로 이어진 수업은 과학 시간이었죠. 그런데 이상했어요. 선생님은 자신을 과학자라고 소개하면서 같은 반 친구 채민이의 아빠라고 하시는 거예요. 예진이는 채민이가 누군지도 궁금하고, 아빠가 선생님이라니 좋겠다, 라는 생각을 하며 주변을 두리번거렸는데, 다빈이가 눈치를 챘는지 예진이를 보며 말했어요.

"엄마, 아빠가 일일 선생님이 되는 날도 있는데, 오늘은 채민이 아빠가 선생님이 되어 가르쳐 주시는 날이야."

예진이는 신기했어요. 전에 다니던 어린이집에서는 볼 수 없는 모습이었거든요. 채민이 아빠가 실수하시는 모습에 아이들은 까르르 웃기도 하고, 수업 내용도 재미있어서 예진이는 시간 가는 줄 모르고 수업을 들었어요.

그리고 이어진 생태 학습 시간, 예진이는 숲의 다양한 모습을 만나는 일이 즐거웠어요. 책에서만 보던 풀이며 곤충을 보는 일이 정말 신기했거든요.

엄마의 퇴근이 늦는 날이면 다빈이 엄마가 예진이를 마중 나왔어요. 집으로 돌아가는 길에는 동네 사람들이 예진이를 반겨 주었죠.

그렇게 예진이네가 이사 온 지 한 달이 될 무렵, 등원을 위해 머리를 빗겨 주던 엄마가 물었어요.

"예진아, 요즘은 힘들지 않아? 어린이집 가기 싫다는 말을 하지 않는 것 같은데?"

엄마는 머리를 빗느라 등을 지고 앉은 예진이를 돌려 앉히셨어요. 예진

이의 대답을 기다리는 엄마는 대답을 예상하셨는지, 환하게 웃으셨지요.

"네, 엄마가 보고 싶기는 하지만 참을 수 있어요. 예서도 울지 않고 잘 놀아요. 제일 재미있는 건, 성미산에 가는 거예요. 친구들도 선생님도 친절하고 나를 보고 인사해 주는 사람들도 많아요. 지난번에는 채민이 아빠가 수업도 해 주셨어요."

"그랬구나. 예진이가 즐겁다니 엄마도 너무 기쁘구나. 그리고 기대하렴. 아빠도 곧 예진이네 반 일일 선생님으로 갈 거란다. 아빠는 기타를 잘 치니까 아마 악기 수업을 할 것 같은데, 기대해도 좋아."

예진이는 눈을 동그랗게 뜨며 기뻐했고, 엄마는 그런 예진이를 꼭 안아 주며 성미산 마을에 오기를 잘했다고 했어요.

'오늘은 어떤 놀이를 할까?'

예진이는 머릿속으로 오늘의 일과를 생각하며 등원 준비를 했답니다.

아이들을 위한 마을로 성장했어요

예진이네가 성미산 마을로 이사 온 지 1년, 마을에는 주민이 직접 운영하는 친환경 반찬 가게도 생기고 마을 주민들이 모여 다양한 의견을 주고받는 생활협동조합도 만들어졌어요. 모두가 아이들을 위해 필요한 곳이었죠. 주민들은 수시로 모여 아이들의 교육 문제와 육아에 대해 논의했어요.

그러던 어느 날, 주민들에게 새로운 고민거리가 생겼답니다.

"우리가 성미산 마을에 모인 건, 함께 아이를 돌보자는 공동육아 때문이었어요. 하지만 우리 마을에 아직 없는 것이 있습니다. 학교입니다."

"네, 맞습니다. 지금은 아이들이 주변 마을의 학교를 다니지만, 우리의 방식대로 공부시킬 수 있는 성미산 학교를 만듭시다."

채린이 엄마는 예진이 엄마에게 귓속말로 말했어요.

"학교 짓는 건 오래전부터 얘기가 되었는데, 이제 본격적으로 논의하려나 봐."

공동육아에 만족하던 예진이 엄마는 관심 어린 눈빛으로 고개를 끄덕였어요.

주민들은 돌아가며 자신들의 의견을 말했죠.

"학교를 만들고 운영하는 방식도 어린이집처럼 협동조합 방식으로 합시다."

"학습도 중요하지만, 아이들이 저마다 능력을 발휘할 수 있도록 해야 합니다."

"장애 학생들도 재능을 발견해 키울 수 있도록 도와야 해요."

주민들은 학교 만들기에 대부분 찬성했지만, 호응이 큰 만큼 의견도 다양했어요. 어린이집보다 규모도 크고 신경 쓸 일도 더 많았기 때문에 학교 짓는 것에 대한 이야기는 한동안 이어졌죠. 주민들은 저마다의 아이디어를 내놓고, 좋은 의견에는 엄지를 추켜세웠어요.

그동안의 경험 때문이었을까요? 새로운 계획을 세우면서도 주민들 모두 즐거운 표정이었어요. 학습과 놀이를 함께 하는 학교, 자신만의 능력을 키우고, 누구나 함께 어우러질 수 있는 학교, 주민들은 보다 나은 학교를 만들겠다는 다짐을 나누며 첫걸음을 시작했어요. 그렇게 성미산 마을은 아이들을 위한 마을로 완성되어 갔답니다.

출산과 육아 문제

> **육아 부담, 저출산의 원인이 되었어요**

1990년대부터 맞벌이 가정이 증가한 데다 과거보다 아이들을 적게 낳으면서 우리나라의 저출산 문제는 심각해졌어. 맞벌이 여성들이 출산과 육아에 부담을 느끼면서 늦게 결혼하고 출산을 미루거나 피하는 현상이 생긴 거지.

지금도 그렇지만, 당시만 해도 육아의 대부분을 여성들이 담당하는 경우가 더 많았거든. 근무 시간도 지금보다 길었고, 종일 돌봄 같은 시설도 드물었어. 맞벌이 여성들은 낮에는 일하고, 저녁에는 집에 돌아와 아이를 돌보고 집안일을 도맡는 경우가 많았던 거야. 육아 휴직을 쓰는 일도 지금보다 어려웠지.

결국 맞벌이를 하기 위해서는 조부모에게 아이를 맡기거나 학원을 몇 곳씩

보내며 아이를 부탁해야 했어. 그마저도 할 수 없다면, 어쩔 수 없이 하던 일을 그만두는 경우가 많았지. 이런 이유로 결혼이나 출산을 미루거나 포기하는 경우도 늘어나기 시작했던 거야.

손주를 돌봐야 했던 할머니, 할아버지들은 어떠셨을까? 쇠약해진 체력에 온종일 아이들을 돌보느라 힘든 삶을 이어 가는 노인들이 많아졌어.

시간이 지나면서 출산과 육아 문제는 심각한 사회 문제로 나타나기 시작했지. 그래서 아이를 낳고 기르는 문제를 사회가 함께 해결해야 한다는 목소리가 나오기 시작한 거야. 1990년대까지만 해도 빈곤층과 취약 계층의 보호에만 치우쳐 있었거든. 우리나라의 복지 정책에 새로운 고민이 시작된 거지. 이때부터 정부도, 각 지역에서도, 작은 마을에서도 출산과 육아에 대해 관심을 보이기 시작했어.

+지식플러스

저출산은 왜 사회적 문제일까?

  1990년대부터 시작된 우리나라의 저출산 현상은 2000년대로 들어서면서 더욱 증가했어요. 저출산 현상은 우리나라뿐 아니라 전 세계적인 현상이기도 한데, 우리나라는 OECD(경제협력개발기구, 경제 발전과 세계 무역 촉진을 위해 만들어진 국제 기구) 국가 중 최하위에 속해요. 그럼 저출산이 사회적 문제가 되는 이유는 무엇일까요? 바로 돈을 벌고 쓰는 경제 활동 인구가 줄어들기 때문이에요. 노동을 할 수 있는 청년과 장년층이 줄어든다는 이야기지요. 다시 말해 노동 인구 부족으로 경제 성장에도 문제가 될 수 있다는 말이에요. 그만큼 세금을 낼 수 있는 인구도 줄어들어요. 출산율이 낮아지면 자연스럽게 노년층 인구가 더 많아져요. 그럼 노인 부양에 따른 복지 부담이 증가하면서 사회적 문제는 더욱 깊어지게 되는 거랍니다.

육아 부담을 줄여 준 공동육아

주민들이 직접 돌봄과 교육 시스템을 만들었어요

성미산 마을에 공동육아 어린이집이 만들어진 건, 1994년이야. 아이를 맡길 곳이 마땅치 않던 맞벌이 부부 20여 가구가 뭉친 거지. 이들은 자신들이 살던 곳을 떠나 오롯이 '우리 아이를 함께 키운다.'는 마음으로 협동조합을 만들었어. 어린이집 장소를 만들 비용을 모으고, 그 돈으로 어린이집을 만들었지. 대한민국 최초의 '공동육아 협동조합 어린이집'이 만들어진 거야.

운영 방식도 기존 어린이집과 달랐어. 돌봄이나 수업 방식, 아이들 식단 등을 정할 때 학부모들의 의견을 최대한 듣고 반영했거든. 서로 친밀한 관계를 맺기 위해 선생님과 아이들은 서로 별명을 지어 부르기도 했어. 주민들은 자신의 직

업이나 오랜 경험을 바탕으로 수업을 도왔고, 외부 활동 교사 도우미로 참여하기도 했지. 선생님과 주민이 아이들 돌봄과 교육에 힘을 모았던 거야. 지금은 별다를 것 없어 보일지 몰라도 20년도 전인 과거에는 획기적인 방법이었어.

하지만 이들에게 새로운 고민이 시작되었어. 아이들이 자라면서 학교에 입학하고, 방과 후 돌봄이 필요했거든. 그렇게 방과 후 교실이 만들어지고, 공부방과 도서관, 독서 클럽과 어린이 합창단 같은 마을 내 동아리들도 생겼어. 급기야 학교의 필요성을 느끼고는 장애-비장애 통합 12학년 과정의 초·중·고 대안학교도 만들게 된 거지.

물론, 그 과정이 순조롭기만 했던 것은 아니야. 모두가 처음 겪는 일이었고, 주민 스스로 만들어야 했기 때문에 수많은 과제와 끝도 없는 회의, 참여 활동이 필요했거든. 하지만 주민들은 포기하지 않았어. 아이들 교육에 필요한 것들을 함께 고민하고 같이 만들고 운영했던 거야.

➕ 지식플러스

품앗이 공동육아, 왜 필요할까?

'한 아이를 키우려면 온 마을이 필요하다.'라는 말이 있어요. 아프리카의 속담으로, 아이를 낳고 키우는 것에는 부모뿐만이 아닌, 이웃과 사회 등 여러 사람들의 노력과 사회적 역할이 필요하다는 말이에요. 그만큼 한 아이가 건강하고 올바르게 성장하기 위해서는 여러 사람들의 다양한 관심과 노력이 필요하다는 거예요. 과거 대가족 시대에는 서로가 육아를 함께 했지만, 요즘은 형제, 자매 수도 적고 맞벌이 부부도 크게 늘었어요. 부모가 육아와 교육을 모두 담당하는 것은 어려운 일이 된 거예요. 주변 사람들과 어울리며 사회성을 기르는 데에도 '공동육아'의 필요성이 더욱 강조되고 있지요. 이런 이유로 전국 곳곳에서 공동육아 공동체가 만들어졌고, 정부에서도 마을의 돌봄과 교육 공동체에 많은 관심을 갖고 지원하고 있어요.

마을 전체가 배움터이자, 놀이터예요

성미산 마을에서는 마을 전체가 아이들의 배움터로 활용되었어. 어린이집이나 학교에만 갇혀 있지 않고 마을을 살피며 배우고 공부하는 시간을 중요하게 여겼던 거야. 자연스럽게 마을에서 벌어지는 크고 작은 일에 관심을 갖게 되고, 그 과정에 아이들은 더불어 사는 삶을 배우고 경험할 수 있었지.

가장 대표적인 것은 2001년부터 3년여간 이어졌던 '성미산 지킴이' 활동이야. 성미산은 주민들의 쉼터이자, 아이들의 생태 학습을 위한 배움터였고 놀이터였거든. 그런데 어느 날 서울시에서 배수지(여러 지역으로 보낼 물을 모아두는 곳) 공사 계획을 발표한 거야. 마을의 상징이자 주민들에게 소중한 공간이던 성미산을 깎고 공사를 하겠다는 거였어.

　그때부터 주민들은 성미산을 지켜야 한다고 힘을 모아 '성미산 지킴이' 활동을 이어 갔어. 아이들 역시 스스로 할 수 있는 활동을 했지. 결국 서울시는 계획을 포기했고, 주민들은 성미산을 지킬 수 있었어. 이 과정에서 아이들은 민주주의와 협동을 경험하게 되었지.

지역의 삶을 함께 만들어가요

　아이들의 교육을 함께 고민하고 나누며 주민들의 관계는 돈독해졌어. 성미산 지킴이 활동 후로는 마을에 대한 애정과 공동체 의식도 더욱 커졌지. 공동육아를 함께했던 경험은 지역의 삶을 만들어 가는 일에 다시 활용되었어.

　주민들은 연극, 음악, 사진, 독서 같은 동아리를 통해 즐거움을 함께 나누었고, 마을 카페와 극장을 만들었지. 이뿐만이 아니야. 노인 돌봄과 의료 나눔, 라디오 방송국, 공동 주택을 위한 공동체는 물론, 급하게 돈이 필요한 주민들을 위해서는 낮은 금리로 돈을 빌릴 수 있도록 '동네 금고'도 만들었어. 이렇게 성미산 마을에서는 주민들의 삶 곳곳에 필요한 수많은 공동체가 만들어졌고, 잘 운영되고 있어.

➕ 지식플러스

'성미산 지킴이' 활동으로 민주주의를 배웠어요

성미산 마을이 알려진 건, 서울시가 성미산 꼭대기에 대규모 배수지를 짓기로 발표하면서부터예요. 마을의 쉼터이자 아이들의 배움터가 훼손될 위기에 처하자, 주민들은 반대의 목소리를 내기 시작했어요. 주민들이 하나로 뭉쳐 3년의 싸움을 이어갔던 거지요. 하지만 무조건 반대만 한 것은 아니었어요. 먼저 공청회를 열어 달라고 제안했지요. '공청회'는 국가나 지방 정부에서 정책을 추진하는 과정 중, 공개적으로 주민의 의견을 듣는 과정을 말해요. 민주주의 사회에서 국민이 행사할 수 있는 대표적 방식 중 하나예요. 서울시는 주민들의 끈질긴 요구에 공청회를 열었고, 그 결과 배수지 시설이 충분하다는 결론이 나왔어요. 성미산에 추가 배수지를 짓지 않아도 되었던 거예요. 주민들이 성미산을 지켜낸 것이죠. 주민들은 자신들의 삶에 닥친 문제를 스스로 해결하고, 그것을 이루기 위해 연대와 협동을 이어 갔어요. 작은 마을의 주민들이 보여 준 공동체의 모습은 소수의 의견도 무시할 수 없는 민주주의의 실천이기도 했어요.

공동육아, 전국으로 알려졌어요

> 함께 키우기를 배우고 실천한 사람들

　성미산 마을은 입소문을 타고 전국 각지로 알려졌어. 마을의 운영 방식을 배우기 위해 여러 지역의 크고 작은 마을에서 성미산 마을을 찾았지. 특히 관심을 많이 받았던 것은 공동육아였어. 사람들은 '아이를 키우기 위해서는 마을 전체가 노력해야 한다.'는 목표에 크게 동의했던 거야. 마을을 방문한 사람들은 자신이 사는 지역으로 돌아가 공동육아를 실천했지.

　성미산 마을 사람들은 마을 견학 인원이 많아지자, 프로그램을 효율적으로 관리하기 위해 노력했어. '사람과 마을'이라는 단체를 만들어 다른 지역 주민들의 견학을 도왔고, 인터넷 카페를 통해 마을을 소개하기도 했어.

시간이 지나면서 보다 체계적으로 정리된 '성미산 마을' 사이트(https://sungmisan.org)가 만들어졌고, SNS 계정을 통해서도 마을을 소개하고 있어.

교과서 속 공동체 키워드

공동육아 부모만이 아닌, 마을과 지역 사회, 국가가 육아의 공동 책임자가 되는 것을 말해요.

협동조합 뜻을 함께하는 여러 사람들이 경제적으로 힘을 합치는 것을 말해요. 자신들이 필요로 하는 것을 함께 운영하고 이익도 함께 나누지요.